中国100强 名师名作 044

CHINA

震撼

SHOCK

让影响有力

贾扶栋◎著

中国财政经济出版社

图书在版编目（CIP）数据

震撼：让影响有力／贾扶栋著．—北京：中国财政经济出版社，2014.9
（中国100强名师名作）
ISBN 978-7-5095-5402-9

Ⅰ.①震…　Ⅱ.①贾…　Ⅲ.①管理学-研究　Ⅳ.①C93

中国版本图书馆CIP数据核字（2014）第085485号

责任编辑：郭爱春　　　　责任印制：刘春年
责任校对：甄　飞　　　　版式设计：丁丁图文

中国财政经济出版社出版

URL：http://www.cfeph.cn

E-mail：cfeph@cfeph.cn

社址：北京市海淀区阜成路甲28号　邮政编码：100142

营销中心电话：010-88190406　北京财经书店电话：010-64033436

北京富生印刷厂印刷　各地新华书店经销

787×1092毫米　16开　15.5印张　200 000字

2014年9月第1版　2014年9月北京第1次印刷

定价：36.00元

ISBN 978-7-5095-5402-9/C·0043

（图书出现印装问题，本社负责调换）

本社质量投诉电话：010-88190744

反盗版举报热线：88190492　88190446

中国100强 CHINA 名师名作

编 委 会

主办单位　北京联大文化发展有限公司　　www.1dwhbook.cn

PREFACE

为什么“股神”巴菲特的一句话能够让美国政府对已经做好的经济政策进行修改，并影响了世界经济的发展？

为什么默多克能够将一个濒临倒闭的小报社发展成遍布全球的传媒帝国，坐上“舰队街”的国王宝座？

为什么市场份额只占有2%的乔布斯敢于对市场份额占有98%的比尔·盖茨说“我们共同占领了全球的电脑桌面”，而比尔·盖茨不但没有嘲笑他，反而对别人说“乔布斯的锋芒使我感到害怕”？

为什么柳传志将联想总裁的位置传给杨元庆后，联想品牌越做越好，而约玛·奥利拉离开诺基亚之后，诺基亚却被微软收购？

……

这些问题的答案只有一个，那就是这些企业领导者拥有超级震撼的影响力，而这种力量所释放的能量超乎你的想象。

在想要学习并具备这种能量之前，首先需要明白一个概念——影响力。它是具备超级震撼能量的基础（注意：不要混淆二者的概念，震撼是影响力所带来的超级能量和效果。当你有了影响力的基础，才能具备超级震撼的效果）。

所谓影响力（Influence），是指以一种被喜爱的方式左右他人行为的能力。

企业与企业之间的对抗，实质上是企业领导者影响力之间的对抗，只有拥有卓越影响力的领导者才能够打败对手，成为最后的胜利者。

很多企业能够基业长青，永葆活力，正是由于企业领导者拥有影响力这种“无形资本”。要想把自己的企业打造成拥有撼动世界力量的国际化企业，领导者就必须从打造影响力开始。

一个有工作能力、有才华的领导会给员工和企业带来无限希望，于无形中让人产生敬仰之情，这种源自内心的情感像磁铁一样，吸引着人们自愿去接受领导者身上的影响力。因此，如何培养领导者卓越的正面影响力已经成为企业管理者们必修的一门课程。唯有具备强大的影响力，才能产生震撼的效果，领导者才会释放更多的正能量，员工也会因此而心甘情愿地追随。

本书前两章放眼全球，列举了世界顶级企业领袖带给世人的影响力，因为此时的他们已经具备这种超级能量（影响力），所以在创作时更加突出表现这些人通过影响力带来的震撼效果，让读者在领略顶级英才智慧的同时，也能感受到他们超强的震撼效果。硬币有两面，第 3 章从正、反两个角度剖析影响力及其产生的效果和影响，从而让读者客观地、正确地看待影响力。第 4、5 两章分别从品牌建设、口碑营销两方面进行诠释，想要建立真正的影响力，首先要具备影响力，如何才能具备影响力？在这两章中你会找到满意答案。第 6、7 两章内容是对前面两章的延伸，并从大局观出发，揭示领导者当具备了影响力，并带来了震撼效果的同时，如何才能让震撼的结果维持得更持久，让企业永续经营。

当然，影响力的培养涉及很多因素，包括领导者本身的素质以及他们在公众心中的地位。本书将通过深入浅出的方式解读影响力为企业、为世人带来的震撼，并对上述问题一一解答，也将告诉读者如何来培养自己的影响力，从而使它能够在企业管理中发挥效力，对企业、公众产生强大的震撼效果。

衷心祝愿读者能从本书中汲取能量，为你带来前所未有的震撼！

CONTENTS

CHAPTER 1
震撼世界的力量：影响力

CHAPTER 2
领导者影响力：为企业代言

CHAPTER 3
企业的致命伤源自影响力的差异化

CHAPTER 4
企业家影响力是品牌建设的一部分

CONTENTS

CHAPTER 5
卓越影响力让企业口碑载道

CHAPTER 6
客观看待影响力才能运筹帷幄

CONTENTS

CHAPTER 7
持续有效的影响力让企业永葆长青

附录
企业家现身论道

CHAPTER 1

震撼世界的力量：影响力

——影响力是企业教父们的“资本兵法”

“无形资本”是一种无价的特殊的资本形态，通常以技术、品牌为代表，是在企业发展过程中逐步从“有形资本”衍变而来的，最终成为企业在市场竞争中的核心影响力。它为企业的壮大、领导者能力和魅力的诠释提供了良好条件。

1. 沃伦·巴菲特：一个影响全球经济的人

一个真正有影响力的人，不用声色俱厉，别人就会唯命是听；不用虚张声势，别人就会唯命是从！

所谓影响力（Influence），是指以一种被喜爱的方式左右他人行为的能力。美国《财富》杂志这样定义影响力——影响别人行动的能力，范围从一个公司、一个行业、国家经济甚至到全球经济。“股神”巴菲特就是这样一个有影响力的人。

《财富》杂志曾评选出“全球25名最有影响力商务人士”，其中，“股神”沃伦·巴菲特位列第一，超越比尔·盖茨成为“全球最具影响力的商人”。他被誉为“奥马哈的圣者”，在投资领域就像一位能够在弹指间点石成金的法师。

2002年的美国，股市一泻千里，几近崩盘。然而，巴菲特所拥有的伯克希尔·哈撒韦（简称BRKA）公司的全年利润额却高达42.9亿美元。其公司自1965年成立至今，只有4年没超过“同期指数”，近40年的年平均净增长率为22%。

众所周知，巴菲特每年都会给股东们写一封信，这封信被奉为“投资宝典”，被作为一次免费的也是最好的投资教育。

为什么这些业界精英心甘情愿相信巴菲特的每一句忠告？

1942 年，11 岁的巴菲特购买了人生的第一支股票，迅速赢得第一桶金；13 岁时，他通过送报赢得了人生第一个 1 000 美元；22 岁那年，他大学毕业后通过投资赚到人生第一个 10 000 美元；25 岁，他在自己家里办企业，当时资产已逾 10 万美元；1961 年，他身家已过百万；1965 年，他获得伯克希尔·哈撒韦公司的经营权，这一年他成了千万富翁；1981 年，他跻身美国亿万富翁俱乐部；1988 年，他资产突破 10 亿美元；1997 年，67 岁的巴菲特成功为自己的身家画上了第 10 个“0”……

纵观巴菲特的经历，更像是一部经典传奇。他的人生显得那么遥不可及、那么不真实。实际上，西方媒体普遍认为，人们对巴菲特的推崇源于投资理念的回归。当华尔街的投资人亲身经历了虚拟经济的幻灭后，开始意识到转回更真实、更务实的投资方式的重要性。于是他们想到了巴菲特给人们的忠告——“购买那些实实在在成长的公司股票”！

这就是影响力！

美国知名教授罗伯特·西奥迪尼在其代表作《影响力》中，将影响力分为两类：权力性影响力和非权力性影响力。权力性影响力通常被称为“强制性影响力”，主要源自武力、法律、职位等，通过外部施加的推力影响人们的心理与行为，且带有强制性和不可抗拒性。与之相对的，也是本书要讲的是非权力性影响力，即非强制性的影响力。它通常源自领导者个人的魅力，被影响者自动自发地被影响、感召。

股神一句话影响世界

有些人之所以认为巴菲特离现实太遥远，是因为从某种程度上人们将这个有血有肉的人给神话了，甚至认为他说句话就能影响世界。

与比尔·盖茨的影响力相比，沃伦·巴菲特表现出的影响力更多的是一种对社会、对投资者的责任感，这也正是人们相信他、受他影响的原因之一。

巴菲特曾在美国《华盛顿邮报》中不客气地指出，当时政府的某项方案无异于“巫术经济学”。随后，美参议院对此议案做了修订，决定免征一定比例的税务。

身为头号大国的美国政府为什么会听巴菲特一家之言而改变一个政策？这是因为美国政府意识到巴菲特所言的重要性以及他个人的影响力，所以才会考虑修订议案。换言之，是因为巴菲特所说的每句话并不是信口开河，而是带着对美国社会的责任感，负责任地说话，因此其影响力可见一斑。

美国《财富》杂志曾在报道中说：“巴菲特比世界上其他任何活着的商人更受人尊敬，不仅商人尊敬他，而且全体公众都热爱他。这就是影响力带来的超级震撼效果。”

巴菲特的忠告同样适用于领导者。《1987 年巴菲特致股东的信（下）》中，巴菲特说：“在进行取得控制权或部分股份投资时，我们不但试着去找一家好公司，同时最好是能够有品格才能兼具且为我们喜爱的管理者经营，如果看错了人，在具控制权的情况下，我们还有机会发挥影响力来改变……”可见，对投资者而言，好公司很重要，好的经营者更重要。而作为企业人，我们有必要尝试修炼并提升自己的影响力，成为投资者眼中“喜爱的经营者”。

至于如何修炼、提升，相信你会在下面的阅读中找到满意答案。

2. 比尔·盖茨：不用财富也能吸引全球崇拜者

能赢得更多崇拜者，不是因为他的财富，而是因为他对社会的责任心。

2006年，《福布斯》杂志公布了“全球富豪榜”，比尔·盖茨以净资产500亿美元的身价荣登榜首，这是他连续第11次占据这一显赫的位置。从1975年与合伙人保罗·艾伦共同创建微软公司，到如今将其发展成为全球最大的电脑软件供应商，比尔·盖茨逐渐成为拥有崇拜者最多的偶像。一方面被人崇拜，一方面也颇受政府与竞争对手非议，但是无论如何，作为微软“灵魂”的比尔·盖茨，的确是一个能够影响到世界的人。

比尔·盖茨对世界的影响力，不仅是因为财富，更多的是来自于他所承担的社会责任与个人魅力。

谁才是世界上最慷慨的慈善家？

据一项调查显示，自1998年以来，比尔·盖茨将他总资产的37%都用来做各种公益事业，金额高达283亿美元，是慈善榜排行第二位的英特尔公司创始人捐助额的4倍。在比尔·盖茨看来，慈善事业是一件非常重要的事情。

最初从事慈善事业时，由于本身依靠现代科学技术起家，所以比尔·盖茨都是向受援助人提供资金购买现代化设备，如电脑、机械等。但是在非洲的一次考察后，他改变了资助方向。

当时，比尔·盖茨受邀前往南非国家的某个贫困社区进行考察，在那里他深刻地认识到：对于依旧遭受饥饿和疾病折磨的人，现代化的设备毫无用处，如何解决人们的温饱、健康问题才是最重要的。通过“世界发展报告”，比尔·盖茨了解到，由于医疗设施不完善，全球每年有几百万人死于一些本可防治的疾病。于是，从此之后，比尔·盖茨将资助方向转为帮助世界贫困国家解决温饱和防治疾病。

为了支持自己的事业，比尔·盖茨曾在“帮助第三世界国家使用计算机”的大会上提出“计算机无用论”的言论。他认为“世界上最贫困的人需要的是医疗保健，而不是手提电脑”。虽然这番言论遭到很多其他科技界的“慈善家们”的指责，但是比尔·盖茨更相信自己的眼睛，也更相信只有医疗和食品能够为第三世界的贫困人们带来最大的援助。因此，他没有急于通过援助的“幌子”向第三世界的人们推广自己的计算机品牌，而是将资金切实地投入到改善他们的生活中去。

自此之后，比尔·盖茨与妻子共同成立了“比尔和梅琳达·盖茨基金会”，主要在全球从事医疗、保健、教育和社区服务等工作。这家美国规模第一的基金会设立在西雅图一个没有任何标志、毫不起眼的小楼里，员工不到200人，但是它的能量却不容小觑，由它发起的一些慈善项目涉及的资金，甚至比政府的援助还要庞大。

这种对社会、对世界的责任感，使比尔·盖茨赢得了更多的崇拜者，他的“粉丝”遍布全球，这不是因为他的财富，而是因为他对社会的责任心。

他是史上对自己最吝啬的首富？

与对世人的慷慨不同，比尔·盖茨自己非常节俭，甚至可以称为“吝啬”。

有人对比尔·盖茨的财富增值速度做过这样有趣的描述：平均每秒赚250美元，速度可以媲美印钞机。假如比尔·盖茨掉了100美元，他根本不用去捡，因为弯腰捡钱需要花费4秒钟，而这4秒能够让他赚1 000美元。然而，这样的世界首富，其日常生活是：自己开车，没有私人司机；不讲究吃穿，不追求名牌；公务旅行坐经济舱……

在比尔·盖茨看来，钱只不过是个符号、一个量化自己价值的标尺，他不会为了钱而工作，也不会让钱改变他的生活。他曾说过：“我只是这笔财富的看管者，我在寻找最合适的地方来使用它。”也正因此，比尔·盖茨才能够将这些财富更多地用在慈善事业上、更多地用在改变员工的生活上。

比尔·盖茨对金钱的这种态度，影响了身边很多人，这也是他为人所崇拜的原因之一。

最人性化的管理者是什么样的？

说起微软公司，很多人会认为资产如此庞大、员工如此众多的一个大公司，管理上一定很严格，只有最严格的管理，才能够使它正常运营。因此，很多人认为比尔·盖茨应该是一个对员工严格要求的人。然而，事实并非如此，微软的管理不仅不“严苛”，而且处处体现着“温情”，因为比尔·盖茨采用的是“人性化”管理。

首先，微软公司没有等级之分。在比尔·盖茨看来，企业中的等级划分使员工之间难以更好地交流，容易使人与人之间产生隔阂，不利于公司凝聚力的形成。因此，在微软公司，没有等级之分。

微软公司的任何一名职工都有自己的办公室，这些办公室之间是互相隔开的，以免个人工作时对其他人造成影响。这些办公室的大小都差不多，无论是比尔·盖茨的办公室还是普通员工的办公室，占地面积都是一样的。另外，每一位员工对自己的办公室都有绝对的主权，任何人都无权干涉。公司的停车位，也没有“领导专用”这样特殊的位置，所有员工都可以任意停放车辆。尽管如此，比尔·盖茨也不会为找不到车位而发愁，因为每天他到公司都是最早的。

其次，微软公司没有时钟。在公司办公大楼的大厅放一个钟表似乎已经成为“惯例”，因为这样可以让员工有种紧迫感，使他们不至于迟到或早退。然而在微软公司的总部，没有这种钟表，完全由员工凭责任心上班，至于加班与否，也完全由员工个人决定。

再次，在工作中勇于认错。比尔·盖茨为员工创造的这种平等的环境不仅体现在形式上，还体现在他自己身上。在工作中，他从不摆领导架子。比如，在一次公司内部的高层会议上，比尔·盖茨的报告中有错误，他的秘书当场予以指正。当比尔·盖茨意识到这个错误时，他主动向所有与会人员诚挚地道歉，然后再继续自己的讲述。

比尔·盖茨这种表里如一的人性化管理，为微软公司吸引了大批富有创造力的人才，而感受到这种独特的文化氛围后，员工们也更愿意留下来，追随着比尔·盖茨，为微软公司出力、献计。

无论是对事业、对金钱，还是对公司的管理，比尔·盖茨都在以自己独特的方式影响着身边的人、影响着世界。他的影响力不仅来自于他的财富，更多的是来自于他对社会的责任心、来自于他待人接物中那种独特的人格魅力。即使没有财富的光环，比尔·盖茨依旧会影响身边的人，依旧会拥有众多崇拜者。

这就是比尔·盖茨的影响力！

3. 史蒂夫·乔布斯：给世人洗脑的“硅谷狂人”

谁说咬掉一口的苹果不完美，苹果公司告诉了世人什么才是完美；谁说乔布斯太狂，他用行动向我们证明世界因他而与众不同。

也许很多人没有使用过“苹果”的产品，但是他们却明白那个被咬掉一小口的苹果所代表的含义，并渴望一尝“苹果”的鲜美。“苹果”代表的不仅是一种高端的科技产品，更是一种艺术的象征。说起“苹果”，就不得不提它的创始人史蒂夫·乔布斯，因为正是他赋予了“苹果”灵魂，并时刻影响着“苹果”的发展。与其说“苹果”影响着人们的生活，倒不如说是史蒂夫·乔布斯影响着人们的生活。如果将电脑比作一种宗教的话，那么史蒂夫·乔布斯就是当之无愧的“教主”。

1985 年，史蒂夫·乔布斯被美国总统授予国家级技术勋章；1997 年，他登上《时代周刊》的封面，被评为“最成功的管理者”；2007 年，他力压比尔·盖茨，被《财富》周刊评为“年度最有影响力商人”……史蒂夫·乔布斯身上的光环太多太多，这些光环影响着人们的生活，并改变着人们的生活。

影响世界的“苹果”熟了吗?

1976年，年仅21岁的史蒂夫·乔布斯与朋友伍兹尼克创办了自己的公司——苹果公司。在建立公司之初，乔布斯就将目光锁定在个人电脑市场，由于当时市场上都是大型计算机，而且价格昂贵，因此个人电脑市场有很大的开发潜力。

在经过一系列的筹措资金、购买材料、自行研制过程之后，苹果公司的第一台微电脑“苹果1号”诞生了。在乔布斯看来，这是一个良好的开始，为电脑命名为“1号”，它蕴含着以后会有更多产品面世的意义。

“苹果1号”的诞生，迅速吸引了世人的眼球，不仅因为它是一台个人使用的微电脑，更重要的是它独特的造型、独树一帜的产品风格，普遍受到了人们的欢迎。而这种风格独特、充满创意的设计方式，也被乔布斯深深地烙印在苹果以后的产品上，并吸引着一代又一代的追随者。

接着，利用本身的技术与媒体公关，“苹果”产品逐渐占领个人电脑市场，走入公众的生活。尽管“苹果”公司在发展过程中遭遇过很多危机，但是乔布斯每次都会以自己独特的影响力力挽狂澜，使危机一次次化险为夷，并使“苹果”品牌迅速风靡全球。这只苹果，熟了!

让比尔·盖茨感到惧怕的“硅谷狂人”

乔布斯是个“工作狂人”。

苹果公司建立之初，为了赶订单，乔布斯办公室里的灯曾连续亮了20个昼夜；为了给公司筹措资金，在碰了其他公司无数的软钉子后，乔布斯依旧没有放弃，直到找到一个愿意为公司提供原料的企业方才罢休；为了给自己的产品赢得足够大的噱头，在“苹果2代”产品发布会上，乔布斯花费大量资金，租赁展位，并为产品大做广告，将本来寒酸的小公司包装成足够与其他大公司相媲美的样子。当然，这种“猖狂”的做法吸引了所有与会者的目光，成功地将“苹果”产品推到了商家的眼前。

乔布斯的“狂”，不仅表现在对工作的执着上，还表现在他对事物的看法上、对公司的决策上。

由于公司内部的权力之争，乔布斯于1995年离开苹果公司。然而，离开乔布斯的“苹果”，就像是失去了灵魂，市场份额被竞争对手瓜分殆尽，处于崩溃的边缘。1997年，苹果公司重新将他们的“教主”请了回来。归来后的乔布斯仍旧不改往日的张狂，一方面对公司进行大刀阔斧的改革，另一方面又运用自己天才的头脑为产品寻找出路。为了找回失去的市场，乔布斯做出了一个最有力度的决策：推出iMac网络电脑。这一决策的施行，即使在提倡标新立异的IT界，也引起了轩然大波。果然，这种“另类”的方式重新使“苹果”起死回生，它的独特再一次引起了人们的关注，并迅速风靡全球，使僵化的市场泛起了波澜。失去的市场，就这样被乔布斯再一次夺回来。

乔布斯的张狂，让比尔·盖茨都感到“头疼”。

1997年，当乔布斯重新回归苹果公司的时候，全球电脑操作系统已经被微软公司占领了98%，只有2%是属于苹果公司的。然而，当乔布斯与比尔·盖茨会晤时，依旧锋芒毕露地对比尔·盖茨说：“我们共同占领了100%的操作系统市场。”也许别人会认为乔布斯的这句话很可笑，但是比尔·盖茨却说：“我一直惧怕乔布斯绽放出来的那种光芒，尽管现在大局已定，但是面对他的时候，我依旧感到非常头疼。”

尽管比尔·盖茨拥有的财富比乔布斯要多，但是在财富能够控制的领域之外——在精神上，乔布斯是藐视一切的，他的这种狂傲，不仅被对手所惧怕，更为对手所敬仰。

“改变世界！”给世人洗脑

全球都在疯传这样一句口号：“改变世界！”这句话正是出自史蒂夫·

乔布斯之口。他不仅是这么说的，也是这么做的，他的整个人生轨迹都践行着这句话。

“苹果”电脑的推出，创造了个人电脑的新时代。从此以后，电脑不再是“专用品”，而是人人都可以看得见、摸得着的科技产品。iMac 网络电脑的推出，一改僵化的电脑市场，为电脑注入了新的活力，使它们充满了人性化，不再是冷冰冰的机器。当所有商家都在捡电脑市场的“残羹冷炙”时，乔布斯又将目光转向了数字市场，又掀起了一场新的革命。数码音乐播放器、网络音乐商店、网络电影商店……这一切都出自乔布斯之手，他由电脑市场抽身转而进攻娱乐市场，再一次震撼了世人。

乔布斯带给世人的超级震撼能量，不仅是因为他为“苹果”这一品牌注入了灵魂，使之能够风靡全球；也不仅是因为他拥有敏锐的洞察力，能够在错综复杂的市场中找到商机；更不是因为他锋芒毕露的性格使竞争对手感到胆寒。乔布斯之所以能够被世人所推崇，更多的是在于他为人们的生活带来的改变，他从未停止过改变世界的步伐。通过乔布斯我们能够看到，要想成为一个具有影响力、能够给别人带来震撼能量的领导者，不断做出改变、做出突破才是最重要的。

4. 迈克尔·戴尔：征服领域，引人追随

自身的气质与对他人的影响才是属于自己最宝贵的财富。

19岁“弃医从商”，创建电脑公司；22岁成为千万富翁，被评为国家青年企业家；27岁登上《财富》杂志，成为全球500强企业中最年轻的CEO；曾多次被冠以“年度企业家”、“年度风云人物”、“富有影响力的首席执行官”等称号……这个传奇人物不是别人，正是被商界称为“直销之王”的迈克尔·戴尔。虽然很年轻，但是戴尔却曾一度征服电脑销售市场，给世人带来巨大的震撼。

兴趣能压倒一切？

1983年，当父母按照他们的意愿将18岁的戴尔送去德克萨斯大学学医时，他们并不知道儿子真正的兴趣在计算机上。

戴尔对科技与电脑的兴趣早已有之，在他很小的时候，就对这方面的产品表现出了浓厚的兴趣。随着年龄的增长，这种兴趣越来越浓，即使遵从父母的意愿就读医学专业，但是他的宿舍中从来没有缺少过科技产品，而且他还在众多科技杂志上发表论文。

大学一年级，戴尔的公司已经初具规模，只是还没有正式的办公地点。他在宿舍帮助别人改装电脑，并收取相关费用。利用这种“经营”方式，戴尔每月收入 25 000 美元。第二年，带着对电脑的热爱，戴尔毅然决然地退学，创建了自己的电脑公司——Dell 公司，开始了自己的职业生涯。

戴尔对自己兴趣的执着，造就了他辉煌的人生。也许有时候，我们确实应该在自己感兴趣的事物上多下点功夫。

他令比尔·盖茨为之“折腰”?

当 Dell 公司成立并取得了一定业绩之后，过于顺利的人生冲昏了戴尔的头脑，于是，为了扩大规模，获取更多利益，戴尔决定扩大产品生产量。然而，这一决定差点断送了 Dell 公司。

由于在产品生产方面投入了太多资金，导致公司在基础设施建设和经营管理方面遇到了很多困难，这些困难使 Dell 公司几乎陷入瘫痪。公司自创立以来，第一次出现了亏损，股票价格随之大幅下跌。戴尔首次尝到了失败的滋味。

坚强的戴尔并没有被这次失败击倒，痛定思痛后，他改变了经营模式，不再追求产品生产的最大化，而是采取“流动、利润、增长”的经营模式。这种新的经营模式使得公司内部的资金得以重新流通，公司又进入正常的营业状态。在戴尔的带领下，公司的业绩也越来越好。

在经营方面获得了巨大的成功之后，Dell 公司的发展引起了 IT 界巨头比尔·盖茨的关注，他对戴尔的经营方式非常钦佩，并决定与戴尔联手，在互联网方面共同发展。于是，比尔·盖茨前往奥斯汀拜访戴尔，并成功使微软与 Dell 成为合作伙伴。

试想，能够令比尔·盖茨为之“折腰”的能有几人？由此迈克尔·戴尔的影响力可见一斑。

电脑界的“直销之王”

在 IT 界，大多数公司都是依靠新的技术而崛起，但是迈克尔·戴尔领导的公司却不同，他的成功源自于他的经营观念和商业模式。而他所奉行的经营方法并没有特别之处，在他看来，最朴素、脚踏实地的经营策略，是最有效的。

有人说，戴尔的经营方式与他童年时的一次受骗经历有很大关系。那时戴尔刚 8 岁，他看到了一则广告，说是通过一种考试，就能够直接拿到高中毕业证书，而不必在其他考试环节上花费时间。看到这则广告后，戴尔毫不犹豫地给对方打电话申请，他想尽快解决自己的文凭问题，以便直接进入大学学习。当然，这种天上掉馅饼的事情从来都是不可能的，戴尔也因此被小伙伴们嘲笑。

不论这则故事的真假，戴尔的那种朴素、脚踏实地的商业经营模式，却是业界有目共睹的，而 Dell 公司也正是凭借这种朴素的经营模式，才取得了极快的发展。

在迈克尔·戴尔看来，最有效的电脑经营模式，是从客户角度出发，为客户打造专属于他们自己的电脑产品，这样才能获得客户的认可，产品才能够更快地销售出去。因此，Dell 公司奉行的经营哲学原始而有效：组装和销售计算机。正是由于他们的“专一”，才造就了 Dell 公司的专业。

事实上，Dell 公司在成立之初，曾普遍不被看好，而且它的经营模式又是这种早已被同行抛弃不用的直销模式。但是迈克尔·戴尔却不为世俗的眼光和非议所动，在他看来，既然山姆·沃尔顿能够通过直销的经营方式将沃尔玛超市开到乡村，为什么电脑就不能通过这种方式在世界范围内流通？他是这么想的，也是这么做的。他准确抓住市场的发展机会，预测市场的未来变化，进而以新的产品引导客户购买。

正是用这种直接、朴素的经营方式，迈克尔·戴尔向世界证明了自己是对的。而这种经营模式也影响了整个电脑行业。

虽然迈克尔·戴尔身上笼罩着众多耀眼的光环，但他始终都保持着那种朴素、务实的作风，他心中最重要的部分永远是顾客和对手。对于迈克尔·戴尔的这种作风，英特尔公司的总裁安迪·格鲁夫这样评价："也许他没有拉里·埃里森那么有影响力，也没有史蒂夫·乔布斯的狂傲气质，但他却具有超越凡人的胆识，在那些别人认为难以解决的问题面前，他总能是够轻松应对。"

迈克尔·戴尔之所以能够取得今天的成就，与那些软件和芯片没有太大关系，完全是凭借他自己那种敢于逆流而上、用人所不敢用的精神。即使离开了那些电脑产品，他依旧能够依靠自己的能力征服其他领域，依旧能够赢得无数人的追随。身为领导者，经营产品只是获得财富的一种途径，而自身的气质与对他人的影响才是自己最宝贵的财富。这就是迈克尔·戴尔带给我们的震撼！

5. 鲁帕特·默多克："舰队街"的 KING

让你震撼世界的不是技术和财富，而是专属于你自己的方式！

"舰队街"是英国伦敦市内一条著名的街道，因为毗邻"舰队河"（River Fleet），其街道名称"Fleet Street"与"舰队"同音，因而得名。18世纪以来，英国报社、出版社等媒体都设在这条街道上，因此，"舰队街"也就成了英国新闻界的代名词，是英国纸质传媒的"精神家园"。提起"舰队街"，就不得不想到传播媒体，提到传播媒体，就不得不说这一领域的"王者"——鲁帕特·默多克。

21岁，他从父亲手中接过一家小型报社，在不到40年的时间里，默多克将其发展成为一个地跨亚、欧、美、澳几大洲的传媒帝国。在这个庞大的帝国里，既有英国久负盛名的《泰晤士报》，也有美国的大牌电影公司"20世纪福克斯公司"，其他的小型传媒公司更是不计其数。早在20世纪80年代初，这一庞大的传媒帝国的营业额已经超过12亿澳元。在"国王"默多克的带领下，"传媒帝国"前进的步伐从来没有停止过。

2010年，英国《新政客》杂志根据个人拥有的权力以及他们对全球影响力的大小，对全球50位最有影响力人物进行了排行。该排行的结果让人难以置信，因为榜首不再是美国总统，而是一位商人，他就是媒体大亨默多克。以商人的身份超越世界超级大国的首脑，默多克对全球的影响力由此可见一斑。

让小报起死回生的“怪杰”

默多克从父亲手中接手了4家小报，它们全部处于亏损状态。在经过深思熟虑之后，他以退为进，卖掉了两家报纸，保留了两家相对经营得好的。在面对自己的竞争对手时，他采取了暂时的“妥协”，与其进行合并。在进行了这一系列的步骤之后，默多克开始着手经营属于自己的那两家报纸，并逐渐使它们盈利。在经营了一段时间之后，默多克筹集了足够的资金，为了建立自己的传媒帝国，他收购了另外一家濒临倒闭的小报社，并最终使之起死回生。这样，默多克手中就有了3家报业，而这也正是他未来发展的基础。

从默多克后来的发展中我们不难看出，他的传媒帝国是通过“收购—发展—再收购—再发展”的模式进行的，而他收购的报纸或传媒公司，大多是濒临倒闭的，但是到他手上之后，又全部奇迹般的起死回生。默多克的经营手段令人佩服，传媒界送他一个绰号——“报业怪杰”，以此来表达对他的崇拜。

立足澳洲，转战欧洲

默多克对自己传媒帝国的扩张，是从本土，即澳大利亚开始的。他的第一个目标是人口众多的大都市——悉尼。

当时，悉尼报业由三个家族控制：费尔法克斯家族、帕克家族和诺顿家族。由于经营不善，诺顿家族首先退出了市场。这时，默多克看准机会，低价收购了诺顿旗下的报业。在默多克的经营下，那些报社重新焕发出生机，并逐渐夺得了更多市场份额。随后，默多克在悉尼创办了澳大利亚第一家全国性报纸——《澳大利亚人报》。报纸一经刊发，就吸引了全国人民的目光，营业额也迅速上涨。随后，默多克又收购了帕克家族旗下的报业，占领了悉尼大部分的传媒市场。此时，默多克的传媒帝国已初具规模。

然而，这些市场无法满足默多克的胃口，他要建立的是一个传媒帝国，而不是偏安一隅的小报社。于是，当英国伦敦一家颇具影响力的报社转让时，默多克意识到机会来了。他先是收购了这家报纸40%的股份，半年后，将原来报社的主席赶下台，自己登上了这个位置。为了令这家报社迅速盈利，默多克不断发布一些耸人听闻的消息，以此来吸引读者的目光。事实证明，这种做法是极为有效的，原本对这家报纸失去兴趣的读者，又重新回来了。

在伦敦站稳脚之后，默多克又收购了一家盈利不多的日报，然后对其内部进行整顿，还从澳大利亚调来有经验的编辑，并加大了促销力度。在默多克的这些拯救措施下，该报纸一改往日风格，成了一份新颖的报纸，而且内容独树一帜，引人关注，销量从原来的80多万份迅速飙升到200多万份。默多克再一次取得了成功。

“舰队街”当之无愧的“KING”

当“帝国”有了足够的资本后，默多克将目光投向了美国。在他看来，美国作为世界头号强国，信息流通的速度最快，传媒业有更大的市场。何况，不将美国“征服”，如何做“王者”？于是，利用在澳大利亚和英国积累的资金，默多克购买了美国颇具影响力的3家报纸。

在收购之后，为了扩大影响，默多克采取了“双管齐下”的经营方式：一方面，他利用在英国积累的经验，总是在报纸上发布一些爆炸性的新闻，来吸引读者的目光，提高报纸的销量；另一方面，经过观察，他发现美国报纸行业更关注广告收入，而不是单纯的发行量，于是他又创办了一家杂志，专门发布广告信息。在这种经营策略下，“传媒帝国”终于在美国扎根。随后，默多克又连续收购了美国多家大城市的报纸，如波士顿的《先驱美国人报》、芝加哥的《太阳时报》等。“帝国”的地盘也越来越大。

随着“帝国”的发展，默多克感到“收购报纸”这种策略的发展进度太慢，他需要更快的扩张速度。于是，他将目光盯上了对美国经济最有影响力的道琼斯集团。经过一场艰难的拉锯战之后，2007 年，默多克成功收购道琼斯集团。当道琼斯的核心媒体、全球最重要的财经报纸《华尔街日报》报道了这一内容后，人们这才意识到，默多克的“传媒帝国”在一夜之间变得更加庞大、更加坚不可摧了，而默多克这个帝国的王者，也终于名副其实了。

默多克的经营秘诀：以自己的方式震撼世界

默多克从一个默默无闻的小报社老板成长为一个传媒帝国的王者，他给世人带来了太多的震撼，也为世界传媒行业的发展带来了深远的影响。而默多克之所以能够取得这样的成就，与他的经营策略有着莫大的关系。

首先，在经营中敢于冒险。

默多克是很有冒险精神的，而且他敢于冒大风险。

童年的时候，默多克就已经具备这种冒险精神与商业眼光：他卖马粪，捉兔子剥皮卖钱。后来，他开始赌钱：赛马，参与电视、报纸上的赌钱游戏等。事实上，整个商场就是一个巨大的“赌场”，如果能够依靠自己的智力押对了这场赌注，自然也就成为最后的胜利者。这种冒险精神在给默多克带来可能失败的同时，更多的是带来了商机。

1990 年底，默多克进行了一次涉及巨额资金的“赌博”：他将自己的英国卫星电视公司与竞争对手的公司合并，组成一家联合公司。原本自己手中的公司一直处于亏损状态，一度负有 27 亿美元的债务。但在合并之后，经过几年经营，这家联合公司竟然奇迹般地重新开始赢利，而且高达 2.8 亿美元。这一次，默多克又赌对了。

其次，对产品的强力推销。

在默多克的经营方式中，“强力推销”是其中最重要的一个环节。

默多克的推销才能并不出众，他采用的推销方式是最基本、最简单的模式，但是这种模式却很奏效，原因是，这种模式是“加强型”的。默多克从不用那些“关系推销”和“商标推销”的方式，在他看来，最有效的推销方式就是强力推销。

1993 年，默多克旗下的《泰晤士报》和竞争对手的《独立报》的年销量都在 35 万份左右。为了促进销量，默多克对《泰晤士报》的价格进行了大调整，由原来的 45 便士降至 30 便士。也许是为了证明自己不屑于玩这种低劣的把戏，对手的《独立报》则出人意料地提升了报纸的价格。结果，到了 1994 年，《泰晤士报》的销量上升到 50 万份，提升了 40%，而《独立报》销量降至 27 万份，濒临破产边缘。

默多克在竞争过程中曾多次使用这种经营方式，而且每次都取得了良好的效果。

最后，高瞻远瞩，思考力强。

“传媒帝国”之所以能够发展到今天，与默多克的思考能力有很大关系。也许很多人认为思考不是什么技巧，因为人人都会思考。但现实中，当一个人坐上高层管理者的位置之后，由于要处理的事务比普通员工多出很多倍，能静下心来思考未来的企业家少之又少。而默多克却不同，他是个善于思考的人，总是高瞻远瞩，着眼未来。

在欧美市场获得巨大成功之后，默多克将目光转向了中国，这个拥有 13 亿消费者的充满潜力的市场。为了谋求中国市场，他将英国广播公司驱逐出了传媒帝国的“亚洲星空卫视系统”，原因是英国广播公司曾对中国政府做出过批评性的言论。默多克通过这种方式向中国“示好”，可见他对未来亚洲市场的高瞻远瞩。

无论是个人的发展历程还是他所采用的营销策略，默多克都为世人带来了太多启示，也对整个商界产生了深远影响。不是因为技术，不是因为财富，只是依靠媒体传播，默多克就以自己的方式震撼了世界。

6. 李斯阁：世界上最低调的卓越雇主

只有通过不断冒险、不断尝试，才能取得进步。

也许有人对“李斯阁”这个名字感到很陌生，但是却知道全球最大的连锁零售业、营业额全球第一的沃尔玛集团，李斯阁就是沃尔玛的现任CEO、第三代“掌门人”。诚然，沃尔玛能够发展到今天的地步，与第一、第二任管理者有很大关系，然而真正令沃尔玛迅速发展的却是李斯阁。

2004 年，美国《名利场》杂志在其“年度商界权力榜”上将李斯阁评为“全球最有权力的商界人物”，理由是，他是沃尔玛的“掌门人”。2006 年与 2007 年，《财富》杂志评出的“全球商界最具有影响力的 25 人”中，李斯阁分别位列第三位和第十三位。也许李斯阁的影响力尚不足与微软公司董事长比尔·盖茨、传媒帝国的王者鲁帕特·默多克以及“股神”沃伦·巴菲特这些超重量级人物相媲美，但是作为年营业额全球第一的企业掌舵者，李斯阁是当之无愧的“第一 CEO”。

李斯阁已经在沃尔玛打拼了 30 年，他的成功不是依靠关系，而是依靠自己的实力一步步地登上权力的巅峰。如今，年过花甲的李斯阁依旧掌管着这家占据全球 500 强首位的大公司，并且继续着它在全球范围内的大规模扩张运动。

艰苦的求学生活，造就了他坚韧的性格。

自从当上沃尔玛的掌舵者，李斯阁的麻烦就没间断过，各种与沃尔玛有关的事情都要通过他来处理。而李斯阁之所以能够从容应对，与他坚韧的性格有很大关系，而这种性格正是从求学时培养起来的。

李斯阁的家境并不富裕，他的父亲在小镇上有一家小型加油站，母亲是当地一所小学的音乐老师。在度过了平静的童年与青年生活之后，李斯阁进入了当地的匹兹堡大学，学习商业管理。独立性很强的李斯阁在大学期间不再向父母伸手要钱，而是通过打工赚取大学学费。而且在大学期间便与妻子相识、结婚，并且有了孩子，李斯阁不仅要赚取大学学费，还要养家糊口，这些都给他造成了沉重的压力。

在这样的压力下，李斯阁通过努力，顺利地完成了大学学业。在以后的回忆中，他曾多次提起当时艰难的生活，同时也认为，正是当时没有被那些困难压倒，才培养了他坚韧的性格。

与沃尔玛的不解之缘

李斯阁与沃尔玛的“相识”不是因为应聘，而是因为讨债。当时，李斯阁在一家叫作“黄色货运系统”的公司上班，担任地区货站经理。当时，沃尔玛刚成立 15 年，还是一家小型零售商。由于公司声称沃尔玛欠了自己几千美元物流费，而沃尔玛又对这笔款项的数额存在异议，因此李斯阁被公司派去追债。沃尔玛公司接待李斯阁的是当时负责财务、后来成为沃尔玛第二任总裁的格拉斯。谈判并不顺利，李斯阁也没有追回债务，但是他却给格拉斯留下了深刻的印象，格拉斯对他非常赏识，并鼓动他跳槽到沃尔玛。考虑到当时两家公司的规模对比悬殊，李斯阁拒绝了。

两年后，李斯阁离开原来的公司，打算到另外一家货运公司工作时，格拉斯再次向他发出了邀请，并答应由他担任沃尔玛公司的卡车运输车队负责人。此时，李斯阁答应加入沃尔玛。不过事情并没有想象中那么顺利，李斯阁在这个车队中并不是权力掌控者，因为他上面还有格拉斯。虽然这种安排让李斯阁一度感到很憋闷，但是他忍了，并很卖力地工作。李斯阁的这种工作态度再一次得到格拉斯的赏识。而李斯阁也向他未来辉煌的人生迈出了坚实的第一步。

1996 年，是李斯阁职业生涯的转折点。

当时，有媒体将沃尔玛旗下的一条服装生产线称为“血汗工厂”，称其压榨劳动力，不符合美国宪法的相应规定。随后，外界对沃尔玛的谴责声呼啸而来，对沃尔玛的公众形象造成极大损害。为了挽救公司的形象，经过商议，沃尔玛高层决定由李斯阁担任公司发言人，负责处理这件事。临危受命的李斯阁，一方面请政府成立专家组对该服装厂进行调查，另一方面在电视上对公众澄清事情的始末。在李斯阁的积极运作下，这场危及沃尔玛未来发展的危机终于宣告解除。而且，在李斯阁担任服装原料采购和销售执行副总裁期间，他倡导提高服装的质量、耐久性和时尚性，使得沃尔玛公司的服装销售额迅猛增加。

鉴于李斯阁对沃尔玛公司做出的卓越贡献，1998 年，公司高层任命李斯阁担任沃尔玛零售分公司 CEO 兼总裁。当时沃尔玛利润持续下滑，这个职位对于李斯阁来说并不轻松。但他没有退缩，而是采取削减成本与企业利息支出的方式，止住了沃尔玛利润下滑的趋势。

1999 年格拉斯卸任，李斯阁正式成为沃尔玛集团的董事长兼首席运营官，登上了沃尔玛权力的巅峰。

是沃尔玛改变了李斯阁的人生，同样，也是李斯阁造就了沃尔玛的辉煌，他们互相影响，共同进步，给世人带来了强大的震撼。

朴素低调，赢得尊重，带来影响

尽管沃尔玛拥有“全球最大的零售商”、“营业额全球第一”、“多年位列世界 500 强首位”等荣誉称号，但是作为它的总裁与运营者，李斯阁始终保持低调的作风。他的这种品格为世人所敬仰，得到了大家的尊重。

从接任总裁的位置之后，李斯阁就一直在使用这一间小办公室，地方不大，且装修简陋，堆积着如山的文件和报告，而沃尔玛的一些重要决策，就是从这里发出的。为了提倡节俭的作风，李斯阁以身作则，卖掉了自己原有的豪华宝马轿车，换了一辆普通轿车，以警示下属不要太过炫耀自己的地位与财富。事实上，李斯阁的薪水少得可怜，据统计，2002 年他的薪水共计 180 万美元，与美国其他大公司的 CEO 相去甚远。

李斯阁这种低调的作风，令世人对他更加敬重。

李斯阁是一个对工作非常认真的人，他不仅严格要求下属，同样也严格要求自己。在登上总裁的位置之后，李斯阁没有一刻清闲，为了掌握公司的运营情况，他每周都会到各零售网点进行视察。在视察过程中，他会与店员和店长进行交谈，在给雇员提意见时，也积极听取对方的建议。为了加强零售商与供应商之间的联系，他还专门组建了“供应商委员会”论坛。供应商可以随时提出自己的想法供大家讨论，只要是对双方有利的，李斯阁都会予以采纳。

李斯阁曾说：“在我成为 CEO 之前，我的意见时常不被采纳；但是当我成为 CEO 之后，反对我的声音越来越少。我认为这不是一个好现象。我希望大家不要把我的话当成命令，而只是将它们当作引导语。”

李斯阁还鼓励公司员工要有冒险精神。他曾对沃尔玛的员工强调：“即使冒险失败了，也能够成为一次学习和改进的机会。只有通过不断冒险、不断尝试，才能取得进步。”

李斯阁的这些做法不仅深刻地影响了沃尔玛的发展，同时也给世界带来深远的影响。李斯阁身上的那些特质以及他对沃尔玛的经营方式，是值得我们借鉴和学习的。

CHAPTER 2

领导者影响力：为企业代言

——企业家个人影响力与企业的关系

随着时代的变迁和社会的进步，愈加激烈的市场竞争环境迫使领导者必须提升自身领导水准，积极适应新环境带来的变化。然而，领导者的行为受影响力的影响，只有理清了企业家个人影响力与企业的关系，才能正确发挥影响力的震撼作用。

1. 陈光标：用慈善震撼神州

做慈善和创业一样艰难，唯有在苦难中成长，才能获得成功，赢得尊重。

2008 年，中国发生了一场特大灾难——汶川地震。在地震之后的救援工作中，一个身影跃入公众的视线，并被大家牢记。他就是陈光标，一位被称为“中国首善”的民营企业家。从普通人到中国颇具代表性的慈善家，从小作坊主到有影响力的大企业家，陈光标的人生轨迹给人们带来太多震撼！而他捐资过亿的善举，不但在众多民营企业家当中留下了浓墨重彩的一笔，也赢得了世人的尊重。

苦难中成长，与命运抗争

陈光标，出生在江苏省泗洪县的一个贫困家庭，父母以种地为生。家中原本有五个孩子，由于家庭贫困，导致了陈光标的一个哥哥和一个姐姐先后被饿死，这给当时只有四岁的陈光标留下了深刻记忆，也使得他立志要脱贫致富，改变苦难的命运。

上学期间，陈光标就开始进行创业致富的探索。13 岁那年的暑假，他曾骑自行车卖冰棒，赚取了一些生活费，这让陈光标喜出望外，他也意识到，只要坚持创业，总会有所收获。后来陈光标用拖拉机贩卖粮食，从农民的手中以低价收购，然后拉到乡镇以高价卖出。这样，在17岁那年的暑假结束后，陈光标已经靠贩卖粮食赚了上万元。当时，如此年轻的“万元户”成了全村人的偶像，而陈光标自己也从创业中尝到了甜头，并且积攒了一定的经商经验。

路，有直有弯，有平坦也有崎岖，陈光标的创业之路也并不是一帆风顺的，也遇到过很多波折。

陈光标认识一个批发小商品的商人，在商人的劝说下，陈光标同意与其合作，并将辛苦攒下的几万元交给对方，让对方采购货物。然而，陈光标从对方手中接到邮寄来的货物时才发现，那些货物全是伪劣品，根本无法销售。这件事对陈光标触动很大，然而他却并没有被击倒，虽然钱被骗了，但是他从中吸取了很多经验和教训，也使他深刻地认识到，创业并没有想象中那么简单。

陈光标的创业探索道路几经波折，他摆过地摊、卖过拉面，也贩卖过其他商品，最终都以失败告终。但是这些挫折并没有将他击倒，他也从来没有放弃过，反而越挫越勇。

1997年，陈光标的机会来了。

一次，陈光标在街上闲逛，看到一家药店的门口围了很多人，经过询问了解到，原来人们是在研究一个新上市的耳病探测仪器的用法。出身医学院的陈光标也加入了研究的行列，并很快发现，这个仪器虽好，但仍需要改进。于是，陈光标带着自己的想法，请医药学院的专家和物理学院的专家帮忙，对这个仪器进行了改进。果然，改进后的仪器使用更加方便了，陈光标也因此获得了国家专利，并通过销售这种仪器，赚取了他人生中的“第一桶金”。随后，陈光标用这些资金创建了第一家属于自己的公司——南京金威利电子医疗器械有限公司。有了这家公司作为创业的根本，陈光标的创业之路平坦了很多。

经过几年的商业资本累积之后，陈光标于2003年创办了江苏黄埔再生资源利用有限公司。陈光标在经营公司的过程中，顺应世界潮流，将公司的经营策略定位于“绿色经济、循环经济、变废为宝”，并大力提倡人们“珍惜资源、爱护环境”。自公司创办以来，陈光标一直谨守创办时的经营方针，不断引进新技术、新设备，利用技术方面的优势，提高了生产资源的利用效率，实现了“节约资源、清洁生产”的目标。而且，陈光标的这种经营模式，在为公司创造利润的同时，也为社会创造了效益，可谓相得益彰。陈光标的个人事业，也在此时腾飞了。

用慈善震撼神州大地

陈光标的企业拥有上百亿资产，他个人也拥有诸多荣誉：中国最佳商界领袖、全国多个市县的荣誉市民、政协委员、人大代表……然而，陈光标对世人带来的震撼不在于他有多富有，也不在于他的地位有高，而在于他的慈善。

陈光标之所以被称为“中国首善”，据统计，他为各界捐赠用于慈善事业的款项多达十几亿元，而且每次捐款，他都会第一个响应。比如，汶川地震，除了捐款1.81亿元外，他还在汶川地震发生后两个小时内，迅速召集并率领庞大的救援队伍从南京赶赴汶川灾区，与国家救援部队同时到达，投入救援工作。陈光标救援团队的“行军”速度之快，连军事专家都大为赞叹。陈光标不惧危险，亲自投身到救援工作中。对此，时任国务院总理的温家宝这样评价陈光标：“一位有良知、有感情、心系灾区的企业家。”

除了捐款，陈光标还投身到其他的慈善事业中。在黄埔公司成立的第一年，陈光标用公司利润的1/7资助一位白血病患者；第二年，又用公司利润的1/2帮助偏远地区处于困难中的老人和失学儿童。在台湾受到台风侵袭时，他率领自己的救援团队奔赴台湾，并捐赠大量物资；在日本受到核辐射时，他依旧不顾个人安危，亲自到日本参与救援工作，并在街头为当地市民发放防辐射的物资。

对于慈善事业，陈光标时刻要求自己，要继续做下去，以此来回报社会、回报国家。虽然陈光标的“高调行善”的做法也曾引起过他人的非议，称他是在“作秀”。但是陈光标并没有因为人们的误解而停止自己的慈善事业，他曾在公共场合说：“有句俗话叫‘枪打出头鸟’，我认为，那是鸟飞得太低，所以枪才能打到它。我就不怕枪打出头鸟，因为我要以更高的慈善和道德标准要求自己，飞得更高，做得更好。”他是一直这样做的，并用自己的行动影响世人，同时也影响着他自己企业的发展。

除却本身的财富和权力，陈光标用他这种“慈善”的影响力，深深地震撼着世人。无论是否在“作秀”，他对社会作出的贡献是实实在在的，他本人是值得我们尊重的。

2. 李开复：影响力是我此生价值的体现

一个善于用自己的魅力影响他人的人，其震撼的能量才会更持久。

在信息产业中，李开复为大家所熟悉。李开复曾在多家世界级的 IT 公司担任企业领导者，如苹果、微软、Google 等。在离开最后的雇主——Google 公司之后，他创办了“创新工场”，任董事长兼 CEO。在这个平台上，他继续帮助刚刚进入职场的大学生。无论是个人魅力还是对世界信息产业的贡献，李开复都给世人带来巨大的震撼，同时他也影响了很多人。

以实力赢得欣赏

李开复之所以能够为世界各大 IT 公司所青睐，正是来自于他的实力。

上学期间，李开复获得过多项荣誉。1983 年，从美国哥伦比亚大学毕业时，他以精深的、创造性的科研成果而享誉全球。1988 年，在卡内基梅隆大学担任助理教授期间，他利用统计学原理创造性地开发出世界上首个

"非特定人连续语音识别系统"，被美国《商业周刊》杂志授予当年"最重要科技创新奖"。由于他开发了"奥赛罗人机对弈系统"，并在比赛中赢得了世界黑白棋冠军，因此名噪一时。

李开复的才华被苹果公司看中，1990 年，他进入苹果公司。在苹果公司，李开复曾先后担任语音组助理、多媒体实验室主任及苹果公司互动多媒体部全球副总裁。为苹果公司工作 6 年后，由于对公司的经营模式感到非常失望，李开复决定离开苹果公司。

恰逢此时，SGI 公司向李开复发出了邀请。坐落于硅谷的 SGI 公司是美国一家专门生产高性能计算机系统的跨国公司，也是世界上发展最快的一家计算机公司。与其他公司的"挖角"不同，SGI 公司看中的是李开复的特点和兴趣，并提出愿意为了他的兴趣而重新改组公司。在 SGI 公司的盛情邀请下，李开复加入了该公司。在公司中，李开复担任互联网部门的副总裁和总经理，负责一些重要的技术研究工作。

1998 年，李开复得知微软公司将在全球范围内建立研究院，便离开 SGI 公司，加入了微软，并在中国创建了"微软中国研究院"。在李开复的带领下，整个团队在很短的时间内创建了一个国际一流的计算机研究院，这个研究院被《麻省理工学院技术评论》评为当时"最火的计算机实验室"，李开复的实力也再一次得到了证实。

2005 年，李开复从微软退出，转战 Google。当李开复提出离开微软公司而进入 Google 时，比尔·盖茨感到了威胁，为了保护微软的利益，他不得不将李开复告上了法庭，诉讼理由是李开复违反了"竞业禁止协议"。可是 Google 并没有打算放弃李开复，而是代表他的新东家和微软打了一场官司。最终，双方利用非公开协议的方式解决了各种问题，李开复也顺利加盟 Google，并担任全球副总裁兼大中华区总裁。

在几家世界性的大公司中几经波折，李开复用实际效益证明了自己的实力，而他在全球的影响力也越来越大。

以魅力赢得尊重

认识李开复的人都知道他是一个平易近人、和善的人，经常帮助、教导青年人。

在研究院外别人总是称呼李开复为“李总”，但是他并不喜欢这个称呼，他更喜欢人们叫他“开复”，在研究院里面，同事之间也是这样称呼他的。因为在李开复看来，这样容易拉近双方之间的关系，更容易消除“上下级”的等级限制，更便于与他人探讨工作和人生。

李开复待人和善，也从不与别人发生不愉快，即使对方挑衅，他也会用教导的方式来平息对方的怒火。李开复在苹果公司担任副总裁时，由于公司内部进行调整需要裁员，于是在公司员工大会上他向所有员工陈述了这一可能性。当时，一个员工非常激动地站起来，指着李开复大骂。对于员工的不满与挑衅，李开复并没有以自己的权力来压制对方，而是泰然自若，非常平静地和那位员工沟通。在李开复的一番劝导之后，那位员工意识到自己的错误，最终自惭形秽地离开了会场。

这就是李开复，一个善于用自己的魅力折服他人的人。

影响力——此生的价值体现

在一期电视节目中，主持人问李开复：什么是管理者最应该关心的问题？李开复的答案是：影响力！对于“如何实现自己的人生价值”这样的问题，李开复的回答是：影响力是我一生的价值，我要更多地帮助中国的青年，做最有影响力的事。

李开复曾“转战”多家世界性的公司，并最终创办了自己的企业，对于李开复的这种频繁跳槽，很多人不理解，认为他不够忠诚。但是对李开复而言，之所以要不断跳槽并最终自己创办企业，就是为了能够有更多的时间去帮助别人、教导别人、影响别人，以此来实现自己的价值。有人问他为什么不借助大公司的平台来施展自己的影响力，他说："如果我继续担任那些公司的高管，那也就意味着我没有足够多的时间去帮助那些学生，所以我才选择离开。"李开复正是以自己的方式来实现自己的价值。

李开复对中国学生的帮助是不遗余力的，他像一个大师兄一样对学生进行教导。

一次，李开复坐飞机去参加一个会议，心中却始终记挂着一位面试过的大学生想要去其他公司的事。于是，李开复在飞机上亲自给那位学生写信告诉对方自己的想法，并对其进行挽留。下飞机后，李开复觉得写信还不足以表达自己的想法，又专门与对方的家长进行谈话，直到最终挽留住了这位大学生。

还有一次，时任微软中国研究院院长的李开复本来是要陪同微软的副总裁去晋见总理的，但当他听说有一位非常优秀的大学生在那个时间来面试时，他毅然放弃晋见总理的机会，而将时间留给了学生。可见李开复对大学生的重视程度。

李开复给中国的学生写过很多信，包括一些"给学生家长的信"、"给李岚清副总理的信"，还曾在中国进行过多次演讲，以鼓励中国的学生。为了与学生更方便的交流，他还开办了一家专门的网站——"开复学生网"，并对网站不断更新，以便及时回答学生提出的各种问题。即使有的学生在网站上提出与专业不相关的问题，他也会细心地给予解答。

李开复对学生的关怀和帮助，也赢得了学生们的尊重，他们更愿意将李开复看作是一位值得信赖的"大师兄"，而且他们也支持李开复的做法。当李开复离开微软跳槽到Google时，由于面临法律纠纷而引起外界人士的非议，他的个人诚信受到质疑。无论外界怎么看，学生们对李开复都是支持的。有一位学生甚至在"开复学生网"上留言："无论这场纠纷最终如何收场，最后胜利的依旧会是中国青年。”而李开复也感慨道：“知我者，学生也。”

李开复将自己的人生价值定位于“影响力”，而他也不遗余力地为这一目标努力，通过影响其他人来实现自己的价值。作为企业的领导者，也应该从李开复的身上学习这种“影响力”的作用，并将之运用到工作中。

3. 企业家强大影响力引导企业走向成功

现代企业管理，并不是古代封建王朝时的“一言堂”，而是整个团队在引领企业发展，领导只是团队中的带头人，凝聚力的中心。

什么是影响企业发展的重要因素？很多人认为是“权力”，谁拥有权力谁就能进行决策，就能决定企业未来的发展方向。然而，在现代企业管理中，领导者要想让团队成员心甘情愿围绕在自己身边，共同为企业发展出谋划策，就必须培养自己的影响力，以此作为纽带，将所有人联系在一起。

所谓影响力，是一个人在与他人交往、接触的过程中逐渐产生的一种能够影响、改变他人心理和行为的能力，与外加的权力无关。也许他身居要职，但是地位和权力是组织上赋予的，不是他个人所拥有的，这不代表他会拥有影响力。随着世界经济的不断发展，市场对影响力的要求越来越高，企业领导者若想带领企业走向成功，就必须不断提升自己的影响力，将企业员工团结在自己周围，共同为企业发展贡献力量。

在无形中“折服”他人

著名教育家陶行知担任校长时，非常受人尊敬，他的这种影响力不是来自于“校长”这个职位和拥有的权力，而是来自于他的教育方法。

一次，在校园里散步的陶行知看到一位同学用小石块砸其他同学，他便立即制止，并让那位扔石块的学生放学后到校长室谈话。放学后，那位学生早早来到校长办公室等待批评。

当陶行知进屋后，并没有批评他，只是从兜里掏出一块糖递给他，并说：“这块糖是奖给你的，因为你能够按时到这里来，而我却迟到了。”学生犹豫着接过糖，不知道校长想要干什么。接着，陶行知掏出第二块糖递给他，对他说：“这块糖也是奖给你的，因为你很懂事，当我让你不要拿石块砸人时，你马上就停手了。”学生很吃惊，接过糖疑惑地盯着陶行知。而陶行知又掏出第三块糖递给他，接着说：“我已经调查过了，你之所以会用小石块砸那个同学，是因为他欺负别的同学，不守游戏规则。这块糖算是我向你道歉。”对于校长的教育，学生已经被深深地感动了，他流着眼泪告诉陶行知，自己知道错了，不该用石块砸同学。听到学生主动认错，陶行知满意地笑了，又从兜里掏出一块糖递给学生，对他说：“这块糖奖励你能够正确认识到自己的错误!”

陶行知没有用批评的方式和“校长”的一身份强硬地要求学生承认错误，而是利用特殊的教育方法让学生从内心深处认识到自己的错误。四块糖加简简单单的几句话，就彻底折服了学生，这就是陶行知对学生的影响力。

在企业管理中，领导者能否让员工心甘情愿地追随自己，并为企业的发展贡献出自己最大的力量，也要依靠领导者的影响力，而不是“领导”这一身份。

引导企业走向成功

综观世界性的大企业，它们之所以能够得以快速发展，企业领导的影响力发挥了很大作用。

全球最大的电脑软件供应商微软公司是在比尔·盖茨手中逐步壮大的，然而，比尔·盖茨对员工的要求并不严苛，而是依靠员工的主动性来完成自己的工作。在微软公司大楼内部，甚至没有钟表约束员工。但是，微软公司的业绩却连年上升，原因在于比尔·盖茨为所有员工作出了榜样，受他的影响，努力在工作中贡献最大的力量。

皮尔·卡丹这一品牌享誉全球，它所涉及的产品从服装到酒店、从影视到文化产业、从汽车到飞机的外形设计无所不包。而这些成就，全是出自一人之手——这个品牌的创建者和推广者皮尔·卡丹。皮尔·卡丹不仅是一位设计师，更是一位出色的商人，以他名字命名的品牌之所以能够发展壮大，完全凭借他的直接策划和指挥，而他能够将全球著名的设计师和经销商笼络到一起，完全是依靠个人的影响力，下属们将他当作天才的设计师和策划者进行崇拜，而不是将他视为高高在上的“老板”。

从世界各大企业的发展中我们不难看出，到处都有“影响力”的身影，它们虽然没有显现在表面，却在无形中起到巨大的推动作用，引导着企业的发展方向。

影响力是一种内在的精神力量，是一条联系领导者与员工的心灵纽带，能够起到凝聚人心、榜样示范的作用，同时也是实施权力性领导力的有效润滑剂。因此，成功的领导者不仅要学会依靠权力性影响力来发挥自己的作用，更要掌握影响力在企业发展中的作用，并善于利用这种影响力引导企业走向成功。

4. 企业通过影响力建立权威

企业领导者若想利用影响力建立个人、企业的权威，应该从德、才、信、识、情五个方面做起。

《中国企业家》杂志是国内首家对企业领导者“影响力”进行评价的财经媒体，它认为，企业领导者的影响力是权力、财富、知名度、远见、活跃度等元素的综合体，而领导者为自己、为企业建立权威，并不是依靠本身的财富和权力，而是依靠“影响力”来实现的。无论是国外的巴菲特、比尔·盖茨，还是国内的张瑞敏、柳传志，他们自身和所在企业的权威的建立，正是通过影响力实现的。

巴菲特被誉为“股神”，他对市场经济的预见性、对股市投资理念的宣扬，一直影响着人们，甚至当巴菲特指责美国政府的某项经济方案为“巫术经济”时，美国政府都不得不慎重考虑这项方案的实施，并最终做出了更改。有人说，“巴菲特的一句话就能影响世界”。巴菲特之所以有如此强大的“威慑力”，正是来自于他的影响力。

微软公司生产的电脑软件风靡全球，是整个电脑软件市场的“风向标”，是其他公司的效仿对象。微软公司之所以能够有这样的权威，也正是来自于比尔·盖茨的影响力，全球的人们对于这位能够长时间霸占

“世界首富”位置，并对全球经济产生不可估量的影响的人充满了崇敬之情。

海尔电器之所以能够在中国种类繁多的电器市场拥有一席之地，并迅速走向世界，一统全球“白色家电”市场，依靠的不只是电器的质量，更重要的是海尔品牌的创建者张瑞敏带给全国乃至世界的影响力。张瑞敏对海尔集团的经营方式，不仅改变了海尔集团的命运，而且为海尔集团成为“权威”奠定了基础。

联想集团作为一家极富创新能力的国际化科技公司，从销量位居中国国内市场榜首，到跃居世界电脑销量第一的宝座，为全球用户生产了众多优质、安全可靠的计算机，成为全球电脑生产商的“领头羊”。联想集团能够拥有今日的成就，正是在“企业教父”柳传志的带领下实现的，而柳传志的影响力也深深地影响着联想集团的发展。

如何利用影响力建立权威？

企业领导者若想利用影响力建立个人、企业的权威，应该从德、才、信、识、情五个方面做起。

德。“德”是衡量一个领导人影响力的重要标准。北宋政治家范仲淹在《奏上时务书》中这样写道：“臣闻以德服人，天下欣戴；以力服人，天下怨望。”这句话写出了“德”与领导者之间的密切关系：品德高尚，受人钦佩、爱戴；品德低劣，即使拥有权力和财富，也不能令人折服。很多企业家都是品德高尚的人，他们从社会赚取利益的同时，也会将利益返还给社会，帮助别人。如陈光标、比尔·盖茨等，他们做慈善事业不是为了出名，而是为了帮助别人，他们的这种品德受到大家的赞扬与尊重。

才。领导者要想具有强大的影响力，只有“德”而无“才”是不行的，因为要想带领企业不断前进、不断发展，就必须拥有卓越的组织能力和专业的知识素养。

信。我们常说的“威信”实际上是由“威”和“信”共同组成的，只有“威”而没有“信”，是不能赢得别人尊重的。“威”可以通过崇高的德行、出色的才能、过人的胆识等来树立，“信”是最基本的“诚信”。俗话说，“人无信不立”，诚信是基础，缺乏诚信，就失去了立足之本。这里的“信”，既可以是领导者对下属作出的保证，也可以是领导者对公众作出的承诺，总之，只要作出了保证或承诺，就要予以兑现，而不能只开“空头支票”。只有兑现了诺言，才能够树立起诚信，才能够被公众所信任。也只有建立起“信”，个人和企业的影响力才能够得以传播。

识。这里所说的“识”，既是“胆识”，也是“见识”。胆识，是指领导者的魄力。市场是一个充满风险的战场，但同时又是一个充满各种机遇的宝库，只有拥有胆识、拥有魄力的领导者才能够在这样的战场中抓住稍纵即逝的机遇，带领企业获得长远发展。见识，是指领导者的眼光更高、眼界更宽，只有这样才能预见未来的市场走向以及企业的发展方向，使企业在激烈的市场竞争中脱颖而出。

情。企业需要领导者，需要带头人，但是员工们需要的是一个鲜活的领导者，而不是高高在上的“神”。也许有威慑力的领导更容易让员工尊敬并服从他的领导意志，但那样却容易使领导者脱离群众，让人只能远观，从而变成“孤家寡人”。因此，拥有影响力的领导者不仅有崇高的威信，还有丰富的、能够与众人共通的情感，这种情感是一条纽带，将双方紧密联系在一起，使领导者的影响力可以通过这条纽带传递给员工，乃至企业之外。

企业的权威与企业领导者的权威紧密相连，领导者的权威是通过影响力来建立的，因此，领导者应该加强自己在企业中的影响力，从而在外界为企业树立起权威，让顾客能够更相信企业、更相信产品。

5. 权力与影响力的关系

与权力不同，影响力强调的是领导者在无形中对他人造成的心理和行为上的影响。

很多企业领导者将影响力理解为法律和组织赋予的权力，或者是因为自身所拥有的财富、在企业中的控股而产生的权力，他们认为这些“权力”能够在管理过程中逐渐转化为影响力。实际上，影响力是一个综合体，一方面包括某些特定的“权力”，另一方面也包括领导者在与他人交往的过程中，影响或改变他人心理和行为的能力。

影响力与权力有何区别?

某公司行政部经理学习了关于时间管理的培训课程之后，发觉公司内部的员工对时间的管理普遍不合理，于是在公司召开大会，要求各部门的员工必须每天下班后将一天的工作内容记录下来，并上交给各部门主管。这一规定开始施行后，员工们感到不满：本来工作就很忙，却还要在下班后继续“加班”写报告，这纯粹是浪费时间！要是每周写一次还能理解，可是每天都写，这确实有些过分。但是由于这是行政部经理的命令，并且已经写入公司规定，谁不写就罚款，于是员工们只好下班后写报告。开始的时候，员工们还坚持写了几天，但是时间一长，就没有人管这事了，员工们也都不写了。

过了一段时间，行政部经理到各部门检查员工们的工作记录，发现开始时写得还很认真，后来就越来越不像话，要么是敷衍性地写几笔，要么就几天写一次。看到自己的命令没有被执行，行政部经理大为恼火，并再次召开会议，在会上严厉批评了各部门的主管，并要求所有员工在会后进行反省，而且对于那些没有认真执行的员工给予扣工资处理。

会议结束后，不仅没有员工检讨自己的行为，反而都在发泄对这一规定的不满，很多骨干员工甚至准备辞职。这件事最终惊动了总经理，考虑到全体员工的情绪，总经理决定取消这一规定，改成由员工每周做一次工作总结，这才平息了员工们的不满。

从例子中能够看出，行政经理之所以犯了众怒，是因为他利用自己的权力命令员工做事情的同时，并没有意识到这种命令是带有强制性的。这种权力性的影响力不仅没有得到员工的认同，反而使他们产生了抵触情绪。

权力能够支配、控制、改变他人的行为，具有以下三个基本特点：

首先，权力带有“强制性”。这种强制性表现在拥有权力的人能够让别人做本来不愿意或者不会做的事情。权力的这种特性很容易使人产生错觉，即上司的话就是命令，下属只是在遵从命令行事，而并非自愿、自发地去做某些事情。

其次，权力具有潜在性。权力的这种潜在性表现在它不能够被经常使用，如果经常使用，权力将失去它原有的效力。也就是说，并不是经常使用权力才表明你拥有权力，相反，用得越少，越能够显示出权力的威力。

再次，权力具有范围性。任何一种权力都有一定的范围，在这个范围内行使权力，才能够发挥出权力的威力，一旦离开这个范围，权力将失去作用。如一个公司部门的领导只能管理自己部门的员工，其他部门的员工就不会听从他的命令。

权力的这些特点使得它拥有一些特性。比如，权力难以使员工从心里产生认同，也难以使员工主动做事，而且由于上司行使权力时，多数情况下带有强制性，也就难以对下属产生激励。因此，权力固然能够使领导者在某些情况下迫使员工做他们不愿做的事情，以达到自己的目的，但是却不能真正从心理上对他们产生影响。

与权力不同，影响力强调的是领导者在无形中对他人造成的心理和行为上的影响。如在企业中，当领导者工作努力、作风扎实的时候，下属们自然也不会偷懒，而是积极地表现自己，更加卖力地工作。当领导者经常违反公司的规定，为员工们树立了反面榜样时，员工们也会“上梁不正下梁歪”，纷纷效仿领导的做法，此时，即便公司有成套的管理规定，也难以发挥出应有的作用。因此，如果领导者拥有正面的影响力，他就能够为员工传递积极向上的能量，激励员工，使他们自发、自觉地为公司效力。

在上例中，行政部经理之所以提出让员工每天写工作记录，目的就是为了提高大家管理时间的意识。如果他不是利用自己拥有的权力去命令员工，而是以身作则，做一个充分利用时间的好榜样，那么员工也会受其影响，更加合理地利用工作时间。这就是企业领导者的影响力在管理过程中发挥的作用。

影响力是震撼效果的重要组成部分

虽然“权力”和“影响力”都能实现震撼效果，但是影响力占据的比例却最大。影响力，是指领导者能够依靠自身特有的品质、能力、工作作风以及领导方法等诸多因素对员工产生支配的力量，并使之自觉、自愿地听从安排，从而最有效地实现领导职能。正确发挥领导者所拥有的影响力，能够在员工之间树立良好的形象，融洽领导者与员工之间的关系，便于形成企业凝聚力。

要想培养自己的影响力，从而更好地领导员工，领导者需要从以下几个方面做起：

首先，要丰富自身的学识，做一个有专业知识素养的人。“专家”的影响力高于普通人，因此，如果领导者能够以专业知识为支撑，甚至成为所在行业某方面的专家，那么其在员工中的影响力将大为提升。如微软公司总裁比尔·盖茨，他本人就是一位专业的软件设计师，因此在电脑软件市场上，无论是本公司的员工，还是其他公司的员工，都对他敬佩有加；为美国通用电气公司带来质的飞跃的总裁杰克·韦尔奇，也是一位优秀的电气工程师和化学专家；等等。领导者拥有的专业知识素养能够给员工带来信赖，因此也更容易对他们产生影响。

其次，应该树立公正的形象。任何一位领导者想要发挥自己的影响力，就必须树立起自己公正的公众形象，因为他不仅代表个人，更代表了整个团队的形象，他的任何一个行为都要为所有员工负责。因此，领导者想要获得所有员工的支持，就必须公正、公平地对待每一位员工，而不能有偏私、袒护这种伤害员工情感的行为。

最后，要学会与员工沟通，培养与员工之间的关系。培养与员工之间的良好关系是领导者建立自己影响力的关键，只有让员工明白自己的意图，并使他们愿意自发的执行命令，影响力才能够发挥作用。而建立良好的关系，就必须进行有效沟通，只有多沟通，领导者才能够将自身的影响力在无形中传递给员工。

作为一名合格的企业领导者，应该分清主次，这样才能在企业中发挥自己的影响力，进而带领企业走向成功。

6. 依靠无形资本打入国际市场

无形资本是企业冲击国际市场的最大资本。

企业资本包括两种形式，即有形资本和无形资本。有形资本，是指企业拥有的资金、设备等能够看得见、摸得着的资本；无形资本，是指技术、品牌等虽然能够被感知，但是无法触摸到的资本。随着经济的全球化发展，企业的无形资本变得越来越重要，甚至已经从有形资本中独立出来，并且具有比有形资本更加强大的增值空间。这也意味着，无形资本终将取代有形资本成为企业向全球化发展的主导要素。因此，企业要想在全球的市场竞争中立于不败之地，就必须使无形资本逐步壮大。

企业的品牌、文化等无形资本不是凭空得来的，而是企业在长期发展中不断积累的，这种逐步的积累离不开企业领导者对企业的管理以及对企业发展方向的把握。因此，企业的无形资本可以说是来自于每一位领导人带给企业的影响力的集合。若想增加企业的无形资本，并利用这些无形资本帮助企业打入国际市场，领导者对企业的影响力是不可或缺的。

成立于 1971 年的星巴克是全球最大的一家咖啡公司，在全球拥有近 12 000 家分店，店址遍布欧洲、北美、南美洲、中东及太平洋地区。在不到 40 年的时间里，从一个小型的咖啡店发展到全球品牌前 100 名，星巴克的发展要归功于它的现任总裁兼 CEO 霍华德·舒尔茨，正是在他的带领下，才使得“星巴克”这一品牌从美国走向了世界。星巴克公司的发展与品牌的建立，从始至终都由霍华德·舒尔茨在“操控”，时刻受到他的影响。下面，我们来看看霍华德·舒尔茨是如何利用星巴克的无形资本将星巴克打入中国市场的。

星巴克在进入中国市场之前，已经在全球树立了很好的品牌，利用中国人早已熟知“星巴克”品牌的条件，霍华德·舒尔茨将星巴克以“特许加盟”和“合资”的方式向中国市场推进。果然，因为原有的品牌效益，星巴克很快在中国市场站稳了脚跟。但是在市场拓展方面，星巴克遇到了难题。原来，相对于咖啡来说，中国人更喜欢本土饮品——茶，而且茶文化在中国根深蒂固，很难撼动。

为了谋求在合作中拥有更多的话语权和控制权，进而增加中国市场的份额，赚取更多利润，霍华德·舒尔茨决定改变星巴克的经营策略，对原有风格进行调整，入乡随俗，迎合本土消费者的口味。于是，霍华德·舒尔茨针对中国市场，采取了以下几项措施。

第一，开设“咖啡茶馆”，将两种饮品的概念进行巧妙的融合，自己与自己竞争。

星巴克开设的这种“茶馆”与中国的传统茶馆有很大不同，充满了现代气息，在这里，不仅有茶，还有咖啡、啤酒、红酒等多种饮品，而且还有音乐会、诗朗诵，顾客可以在这里一边休息、品茗，一边接受文化的熏陶。霍华德·舒尔茨这种有意识的创新，走在了经济全球化的前沿，引领了星巴克品牌的发展，赋予了“星巴克”更多的文化内涵，也在中国抢夺了更多市场。

第二，推出“星巴克茶”。

在建立“咖啡茶馆”之后，霍华德·舒尔茨又带领星巴克在中国推出了“星巴克茶”。“星巴克茶”包含两大类别茶饮品，一种是具有浓郁中国特色的中式茶，另一种是充满异域风情的外国茶。中式茶包括中国本土的绿茶、乌龙茶、白茶等，外国茶有产自印度大吉岭的印度红茶、具有意大利风格的甘菊花草茶以及星巴克原有的核心产品伯爵红茶等。“星巴克茶”在中国上市后，立刻受到了顾客的喜爱，它不仅照顾了中国顾客对茶文化的感受，更进一步延伸了茶文化。而且这些茶饮品价格便宜，迅速为星巴克招揽了更多消费者。

第三，在“杯子”上做文章。

除了将茶文化与咖啡文化进行融合之外，霍华德·舒尔茨还在杯子上做起了文章。除了咖啡等产品之外，让所有星巴克迷欲罢不能的就是它的杯子。无论是马克杯还是随行杯，星巴克在每一季度推出的新款杯子都会在不到一个月的时间内卖光。无论是在都市白领的办公室，还是在校园里，到处都能见到印有“STARBUCKS”标志的杯子，这种杯子已经形成了一种文化，成为新潮、时尚的代名词。正是利用顾客这种心理，霍华德·舒尔茨专门为中国顾客生产出多款杯子，有城市杯、保温杯、魅力Logo杯等，这些杯子在为星巴克赚取利益的同时，也在无形中推销着星巴克的产品和品牌，使越来越多的人了解星巴克、接受星巴克，并最终成为它忠实的“粉丝”。

第四，根据不同顾客，细化产品类别。

为了适应中国本土的文化，迎合各地顾客的口味，星巴克在产品上进行了细化，并不断调整饮品单，吸引不同地区的顾客。比如，在2009年，为了庆祝进入中国市场十周年，星巴克专门使用我国云南省出产的咖啡豆，研制出一款名为“凤舞祥云综合咖啡”，这种咖啡口感温和，醇度适中，还有一股香草味，十分适合中国人的口味。一经推出，立刻受到顾客的喜爱，星巴克的业绩也得到了新的提升。

第五，结合中国传统节日，推出新产品。

每一个地区都有不同的市场。在中国，传统节日是特色产品的销售旺季，霍华德·舒尔茨看准了这一点。为了迎合中国消费者的口味和需求，借用传统节日推广星巴克的品牌，霍华德·舒尔茨相继推出了“星巴克月饼”、“星巴克粽子”等结合中国本土特色的产品。尽管刚开始的时候那些产品做得并不太好，但是经过不断摸索，星巴克成功将中国的传统文化与自己原有的咖啡文化结合到一起，创造出专属于星巴克的“咖啡月饼”、“星冰粽”等产品，并逐步在市场上占据了一定份额。

从星巴克在中国市场的发展我们能够看出，无论是推出新产品还是改变经营策略，星巴克都是看准了消费者的需求，利用公司的品牌效益这一无形资产，并迎合市场需求迅速占领了中国市场。

企业的有形资本总是有限的，而无形资本则是无限的，要想将企业推向世界，使产品全球化，就离不开对无形资本的依赖。因此，企业领导者不但应该注重企业无形资产的积累，更应该注意自身对企业品牌等无形资产的影响。

7. 影响力大师带给企业的力量

任何一个企业都需要有一位拥有强大影响力的领导者“坐镇”。

所谓“领导者”，其本质是一种影响力，真正的领导者能够通过这种影响力对员工以及企业的生产、经营活动产生正面的影响，并使员工心甘情愿地服从与追随。领导者作为企业发展的掌舵人，他们自身影响力的大小直接决定企业能否兴旺发展。因此，领导者要善于利用自身的魅力去影响更多的员工、更多志同道合的人，带领他们创造企业的传奇与辉煌。

领导者的强大影响力，成就企业辉煌

“苹果”品牌之所以能够风靡全球，与它的缔造者乔布斯有着直接的关系。乔布斯的狂傲个性与个人魅力始终影响着“苹果”的发展。

1985 年，当个人电脑市场逐渐成熟，越来越多的商家开始在这一领域进行竞争时，苹果公司遇到了前所未有的危机：随着 IBM 公司对个人电脑市场的迅速抢占，苹果电脑的市场大幅度缩水，再加上与公司内部大多数经营者意见相左，孤傲的乔布斯被董事会逐步排挤到权力核心之外。1985 年 9 月，乔布斯愤而辞去苹果公司董事长的职务，离开了苹果公司。

拥有个人魅力的乔布斯自然不会被击倒，离开苹果公司之后，他独自创办了皮克斯动画工作室，经过十年的发展，这家动画公司逐步壮大，作为老板的乔布斯依旧活得风生水起，个人的影响力丝毫没有减弱。

而反观苹果公司，自从乔布斯离开之后，就像是失去了灵魂的一具皮囊，再不复往日的张扬与个性，经过十年夹缝中的生存，苹果公司已经走向了崩溃的边缘。此时，为了挽救“苹果”这一曾经名噪世界的品牌，董事会不得不重新迎回乔布斯。

乔布斯于苹果最艰难的时候“王者归来”，这一消息令苹果公司上下为之欢欣鼓舞，就连被迫辞职的前任行政总裁都在迎接乔布斯归来的欢迎会上这样说：“我们以最隆重的方式迎接这一伟大天才的回归，只有他才能让世界看到，苹果电脑永远都是信息行业的创新者。”而事实也证明，乔布斯没有让苹果公司的员工失望，更没有让世界失望，“苹果”在乔布斯的培育下，重新焕发出迷人的风采，再一次引领了世界潮流。

从苹果公司的大起大落中我们能够看出，乔布斯离开了苹果依然是乔布斯，而苹果离开了乔布斯则不再是那个散发迷人风采的苹果。这就是一个拥有强大影响力的领导者给企业带来的力量，有领导者的影响力在，企业就有无穷的力量；一旦失去了这种影响力，企业也将失去发展的动力，因为停滞不前而最终被市场所淘汰。

虽然现在的时代已经不是原来那个“造神”的年代，但是对于企业而言，一个拥有强大影响力的领导者就是这个企业的“神”：他是一种精神、一种代表，更是企业的灵魂。他的素质、经营理念、作风以及个人魅力时刻影响着企业的发展，而公众对于企业品牌和文化的了解也是来自于其领导者，并通过认同这一领导者而认同企业的品牌与文化。

2011 年，乔布斯离开了世界，而苹果公司依旧在他的影响下屹立不倒，这就是他为苹果做的最后一种贡献。但是这种影响力不会太持久，因为还会有新的领导者带着新的影响力影响苹果的发展，而这也正是一个企业能够保持基业长青至关重要的因素，只有将影响力传递下去，进行往复循环，企业才能够长盛不衰。

因此，任何一个企业都需要有一位拥有强大影响力的领导者“坐镇”，如比尔·盖茨与微软，默多克与传媒帝国，张瑞敏与海尔，王石与万科，柳传志与联想，马云与阿里巴巴……他们相得益彰，互为代言，互相成就。

8. 因影响力而崛起的企业

影响力让企业像乘风破浪的帆船，迅速走向世界的每一个角落。

《财富》杂志每年都要评出最具影响力的“世界500强企业”，这些企业每一个都是集财富、影响力于一身的“超级集团”。它们的崛起，固然是因为拥有足够的有形资本作为支撑，但是真正令它们迅速成长的，却是企业本身的无形资本，也就是企业为世人带来的影响力。依靠本身的影响力，那些企业像乘风破浪的帆船，迅速走向世界的每一个角落。

因影响力而崛起

荷兰皇家壳牌石油公司成立于1907年，它是荷兰皇家石油公司与英国壳牌公司的联合体，这个“巨无霸”集团连续多年占据“世界500强”前十的位置，给世界能源领域带来了不可估量的影响力。到目前为止，壳牌公司在全球140多个国家和地区都有分公司或相关业务，可以说，全球的能源，有一多半都由壳牌公司控制着。尽管1973年、1979年与1990年爆发的三次石油危机对世界各国的经济以及世界各大石油公司的发展都造成了不同程度的损失，但是壳牌公司却没有受到太坏的影响，反而在总裁的带领下，实现了一次次新的突破。不得不说，壳牌公司能够有今天的成就，是各届领导者努力的积累，是他们带领壳牌公司取得了现在的成功，他们在不断影响着壳牌的发展，并为它指明前进的道路。

比如，壳牌公司现任 CEO 彼得·傅赛，他是一位有远见的人，在接任 CEO 之前，傅赛便开始酝酿壳牌公司内部的大调整，因为他发现公司的文化过于单一、组织过于复杂、成本太高，这些因素不利于公司的长远发展。于是，刚刚正式上任，傅赛就借助本身的影响力和手中的权力对企业内部做了大调整，使其管理起来更为简单、直接。在傅赛的领导下，2012 年，壳牌公司将“世界 500 强企业”第一的桂冠摘下，打败了多年的“宿敌”沃尔玛，并于 2013 年蝉联这一冠军。由此可见，领导者的影响力影响着企业的发展，而企业也会因这种力量而崛起。

1992 年，诺基亚公司只是一家经营橡胶、木材和电缆的公司。由于决策失误，时任 CEO 的凯拉莫在并购了两家电视机厂之后，公司的资金出现亏空，并迅速陷入不可挽回的地步，而凯拉莫也因不堪重负而自杀。此时，诺基亚公司面临倒闭，而影响了诺基亚未来发展之路的是约玛·奥利拉，他临危受命，接管了诺基亚，并开始了它的复兴崛起之路。

奥利拉在掌权之后，经过对市场发展趋势的把握，他敏锐地感觉到移动通信产业正在从模拟化转向数字化，这一变革的潮流势不可挡。于是奥利拉做出了一个让当时所有人都感到不可思议的决断：放弃公司所有的传统业务，包括那些还在盈利的核心业务部门，将所有资源集中到移动通信，尤其是手机业务上。这一大胆的决策在很多人眼里是一次豪赌，而奥利拉就是一位疯狂的赌徒。事实上，奥利拉这么做是经过充分分析与论证的。因此，在向众人分析了信息产业的发展现状和趋势之后，奥利拉力排众议，将这一决策坚持了下去。

果然，到 1996 年，诺基亚已经在全球手机领域脱颖而出，迅速抢占了手机市场。经过十多年的发展，诺基亚这艘通信行业的巨轮在船长奥利拉的带领下，不断劈风斩浪，使公司始终保持着强劲的增长速度，将竞争对手远远抛在身后，一跃成为世界排名第一的移动电话制造商，诺基亚公司也成为全球最富品牌价值的公司之一。可以毫不夸张地说，没有奥利拉，就没有诺基亚的今天。

无独有偶，张瑞敏接手海尔集团的时候，情况与诺基亚公司如出一辙。当时海尔电冰箱厂亏空140多万元，产品滞销，人心涣散，张瑞敏是借钱给工人发的工资，并留住了电冰箱厂。随后，张瑞敏开始对电冰箱厂进行整顿，他从消费者的来信中发现，厂子之所以会出现现在的情况，完全是因为冰箱的质量问题。于是，为了唤醒员工们的质量意识与市场意识，张瑞敏不惜借用“砸冰箱”这一狠手段来刺激员工。果然，在张瑞敏的带领下，电冰箱的质量得到了极大提升，并且在北京、上海等城市的展销会上取得了巨大成功，海尔冰箱逐渐被国人认可。

1988年，海尔冰箱在全国电冰箱评比中获得第一名，奠定了自己在中国冰箱行业内的领头地位。1989年，在国内冰箱市场出现“寒流”时，几乎所有的冰箱品牌都受到了市场前所未有的打击，唯有海尔冰箱在这场风波中占尽风头，不但没有受到不良影响，利润反而上涨。在其他品牌的冰箱无人问津时，海尔冰箱的销售现场仍然出现顾客抢购的情况。经过几年的奋斗，海尔终于以它的高品质和优质服务赢得了国内市场。

然而，张瑞敏的“野心”并非如此，他要吃下全球的市场。在海尔集团发展得如火如荼之时，张瑞敏制定了“海尔全球化品牌战略”，要让海尔品牌走出国门，冲向世界。随着经济全球化和信息化的突飞猛进，为了实现这一目标，张瑞敏实行了“信息流程再造”的方针，通过“从目标到目标”、“从用户到用户”这种端到端的流程模式，为海尔产品打造出一种卓越的商业运营模式，这种模式也为海尔带来了更大的发展空间和更多的利润，为海尔品牌走向全球化奠定了基础。

在张瑞敏的带领下，如今的海尔集团已经成为全球白色家电市场的领头羊，电器销量世界排名第一，全球100多个国家和地区都在使用海尔品牌的电器。海尔品牌在张瑞敏的带领下，做到了真正的崛起。

企业的发展和壮大离不开领导者的带领，离不开他们制定的政策，正是在他们的引领和影响下，这些企业才得以崛起，品牌才得以走向世界。“企业因影响力而崛起”不只是一句空话，而是时刻发生在我们身边，从来都没有停止过。

9. 影响力自测：你能带给企业多大震撼?

如果你的影响力足够强大，你将成为企业和员工的榜样，成为他们的精神领袖，被他们争相模仿。

企业领导者对企业的影响力，不是依靠权力形成的，而是来自于自己的品德、才能、眼光、知识、情感等个人素质，能够给企业、员工带来强大影响力的领导者，必然也是一位拥有很强影响力的领导，他们容易使下属产生敬佩之情，他们做出的决断和命令能够得到下属的认同和服从，进而带领团队发挥出最大的能量。怎样判断你能否给企业、员工带来多大的震撼呢？下面的问卷调查能够对你的影响力做出简单的测试。

问题一：你的出现能否给下属带来希望或者高昂的斗志?

问题二：当下属在工作中碰到难题时，他们是否愿意并且自觉地与你探讨?

这两个问题能够测试出你在员工心中的地位。

如果答案为“是”，证明他们信任你，并且崇拜你，在遇到问题和困难时，愿意向你讨教经验或方法，也愿意接受你的指挥，认为有你在就能够战胜一切困难，愿意追随在你的左右，与你共同奋斗。相反，如果答案为“否”，那么你在他们心中几乎没有任何影响力，即使你的决策和命令得以执行，也只是你本身拥有的“权力”让他们暂时对你“服从”，但并不是心甘情愿去做事。

问题三：你是否觉得自己的见识很广博？

问题四：你是否认为学习是一种乐趣？

这一组问题测试的是关于你本人的学识。

俗话说“勤学如初春之苗，不见其增，日有所长；辍学如磨刀之石，不见其损，日有所减”，在信息化发展如此迅猛的今天，只有不断学习，才能够跟上时代的潮流，停滞不前的人和企业只会被市场无情地淘汰。世界上各大企业的发展与崛起也充分证明：只有拥有学识的人才会拥有更长远的目光，才能够带领企业更长久地发展。因此，相对而言，员工们也更愿意追随那些学识渊博、善于学习的领导者。乐于学习的领导者也能够带动企业的学习氛围，为员工做出好的榜样。企业只有不断学习，才能不断成长。所以，答案为“是”的领导者，必然也会对企业造成很大的影响；而答案为“否”的领导者，就该进行反省了。

问题五：在困难面前，你能否始终坚持自己的信念？

问题六：你能否乐观地向团队描述企业的前景？

这一组问题是通过对领导者的信念以及对待困难的态度来测试其对企业的影响力。

一方面，要想获得成功，领导者就必须抱有坚定的信念，因为在很多时候，领导者并不能马上做出决策，有时反而会令企业陷入“寒冰期”，出现暂时的亏损。此时，领导者将面临两个选择：一是坚持自己的信念和判断，继续带领企业在这条路上走下去，结果是要么成功，要么失败；二是放弃原来的决策，虽然会有一定的损失，但是能够保住根本。如果领导者拥有坚定的信念，并且相信自己对市场发展趋势的判断，就会选择第一条路；而对自己不自信、缺乏信念的领导者则会选择第二条路。其实，市场有时候就是一个“赌场”，领导者应该有一些魄力去坚持自己的判断，畏首畏尾、瞻前顾后的人永远都无法获得成功。

另一方面，领导者应该有一个乐观的心态。因为当企业在发展中遇到困难时，员工们都会紧盯领导者，如果领导者能够以乐观的心态面对问题，那么员工们也会对未来充满期待，并努力工作，共同使企业渡过难关。相反，如果当企业陷入困境时，领导先垮掉了，那么员工也会“树倒猢狲散”，整个企业也就彻底完了。

因此，答案是“能”的领导者将会给企业带来更多的影响力。

问题七：你认为自己的语言表达能力是否很好？

问题八：在工作中，你是否经常使用“引导”和“赞美”的方法来激励员工？

“沟通”和“激励”永远是企业领导者影响员工最有效的方式。这组问题正是在考察企业领导者的沟通能力以及他们与员工之间的关系。

要使领导的命令和决策能够被下属正确地理解并执行，沟通是必不可少的。另外，领导与下属之间做好沟通能够增进彼此之间的关系，使双方互相了解。

当员工在工作中遇到困难或问题时，领导者应该及时对他们进行激励，让他们时刻乐观、充满斗志地去迎接工作中的每一个挑战。而“引导”和“赞美”的激励方法不仅能够让员工在工作中意识到他们所犯的错误、积累更多的经验，更能够使他们对自己充满信心，敢于挑战遇到的困难。

因此，对于这两个问题，答案为“是”的领导者将能够更好地被员工感知，从而对员工产生更大的影响力。

问题九：是否你的任何一句话都能对团队进步起到很大的作用？

问题十：是否有些与你不太熟的人也在效仿你？

一个真正有影响力的领导者，不仅影响着员工的行为、影响着企业的发展和未来走向，而且影响着身边的乃至世界上的其他人。这两个问题是在测试领导者的综合影响力。

巴菲特的一句话能够让美国政府对已经做好的经济决策进行修改；乔

布斯的一句话能够让全世界的“苹果迷”为之疯狂；马云对阿里巴巴做出的改革让所有做电商的商家纷纷效仿；杰克·韦尔奇对通用电气的经营模式也一再被同行模仿……这样的例子有太多太多，每一位有大影响力的领导者，他们说的一句话或者是做出的一个决定，不仅能够改变企业的命运，甚至可以改变整个国家乃至全球经济的命运。

因此，如果你的影响力足够强大，你将成为企业的榜样和员工的偶像，成为他们的精神领袖，被他们争相模仿。

相信通过这十道影响力测试题的测试，每一位企业领导者都能够明白自己对企业、对他人能够产生多大的影响力。拥有足够强大影响力的领导者要再接再厉，将这种影响力进一步扩大；缺乏影响力的领导者也不要气馁，通过学习和积累来积攒自己的影响力，从而对企业和员工形成更大的影响。

CHAPTER 3

企业的致命伤源自影响力的差异化

——负面影响力是扼杀企业的“刽子手”

领导者若总是在公开场合说得冠冕堂皇，实际工作中却不脚踏实地，面对这样的领导者，下属只是表面服从，内心却很反感。对于企业而言，领导者身上的这种负面影响力会影响企业长期的发展和品牌的建设。比如，消费者平时看到的都是企业正面消息，突然被企业领导者的负面消息包围，消费者就会感到被欺骗，对企业失去信心。

1. 传播内容与期望不符：影响力变成伤害

企业品牌的影响力会影响社会，领导者的影响力也会通过企业影响社会，双方之间的关系是相互依存的，一荣俱荣，一损俱损。

任何一个企业的发展与成长都与带领企业不断前进的领导者密切相关，领导者带给企业的影响力，也将通过企业传递给社会。一方面，企业品牌的影响力会影响社会；另一方面，领导者的影响力也会通过企业影响社会。双方之间的关系是相互依存的，一荣俱荣，一损俱损。因此，一旦企业的领导者对企业做出了正面的影响，为企业带来正能量，那么企业也会将这种正能量无限扩大，并对社会产生正面影响力；反之，如果带领企业发展的领导者表里不一，带给企业的是负能量，那么企业也会向社会传递出负能量。

对于企业而言，外界对其本身的了解来源于企业对外的宣传：企业通过宣传让公众认识自己，公众则通过企业的宣传对其进行初步感知。这是一个互动环节，也是企业对公众产生影响力的一个很重要的环节，即我们常说的“第一印象”，如果企业对外宣传做得好，那么公众会在心中给企业打个较高的“印象分”。

也许很多企业能够在最初留给公众很好的印象，产生一定的影响力，但是能否始终如一，能否不断提升企业的影响力，还要看日后的表现。正所谓“路遥知马力，日久见人心”，如果企业领导者能够使最初的宣传与日后的表现“表里如一”，能够契合公众的期望，那么这家企业必定能够长盛不衰，其品牌产生的影响力也将越来越大；如果企业领导者做的宣传与实际表现不一致，无法满足公众的期望，则会对公众造成更大的伤害，也就是我们常说的“期望越大，失望越大”，企业品牌的影响力也将会被削弱，甚至消失。

“表里如一”，领导者可以扩大企业对社会的影响力

自 1984 年建厂以来，海尔集团从一个亏空的企业逐渐发展成为世界性的大企业，对全球白电器市场产生了很大的影响力。海尔集团的发迹不是偶然的，它与张瑞敏的影响力有着密切关系。

比如，张瑞敏将海尔集团的品牌营销宣传口号定位于“品牌是帆，用户为师”、“打价值战，不打价格战”等，不仅口号喊得响亮，实际行动也没有落后。1985 年，当张瑞敏接到客户对冰箱质量不满的投诉信后，他果断地将一整批不合格的冰箱亲手砸掉，以此来显示他对产品质量进行整改的决心。果然，在这次“砸冰箱”事件之后，张瑞敏激发出海尔人的质量意识与市场意识，海尔冰箱的产品质量也得到了极大的提升，而客户也对产品更加满意。张瑞敏的一锤子，不仅砸出了个人对企业的影响力，也砸出了企业对社会的影响力。之后，张瑞敏更是以人才和科技作为海尔集团的发展重点、以客户的需求作为产品的改进和发展方向，生产出一批又一批符合公众期望、令客户满意的产品。

张瑞敏的这种做法，将宣传和服务做到了完美的契合，同时也实现了公众的期望，无论是海尔集团还是他个人，都为社会带来了正面的影响，产生了巨大的影响力。

“表里不一”，影响力变伤害

与张瑞敏所代表的海尔集团的做法相反，很多企业“表里不一”，宣传的内容与实际不符，从而对公众的心理造成伤害，也使他们对产品失望。企业领导者的这种做法也许能够欺骗公众一时，带来短期收益，但是却会对企业自身的品牌产生长久的恶劣影响，使最初建立起来的影响力土崩瓦解。

三鹿集团曾是我国乳品行业的龙头企业，三鹿品牌曾被商务部评选为“全国最具市场竞争力品牌”，价值达到149亿元，并为世界所认可。三鹿产品更是通过了GMP审核、HACCP认证以及ISO 9001、ISO 14001认证，荣获多项国家证书，畅销全国各地。三鹿集团坚持走“科、教、企”联姻之路，不仅与全国多家科研院所合作，还从国外聘请了大量的食品、营养等专家作为企业顾问，对产品进行科技创新，提升产品质量。除此之外，三鹿集团还在全国各地设立专属的奶源供应基地，为产品提供优质奶源。三鹿集团宣称，他们将做全球最优质、最安全的乳制品。三鹿集团的种种做法，契合公众的需求，深受广大顾客青睐，对广大消费者产生了巨大的影响力。而作为三鹿集团的掌舵人，田文华更是公众眼中的偶像，正是在他的带领下，三鹿实现了不断成长。

然而，好景不长，三鹿乳品的质量问题逐渐突显出来。2008年，全国各地医院大规模爆发“幼儿结石”事件，通过调查发现，问题的根源来自于三鹿集团的乳制品。原来，三鹿集团在乳制品当中添加了大量的三氯氰胺，而这种添加剂对人类的肾功能有较大影响，成人新陈代谢速度快，不会产生明显的影响，但是对于婴幼儿来说，长时间饮用这种乳制品，就会生成结石。而三鹿产品之所以大剂量使用这种添加剂，相关负责人表示是由于“原材料价格上涨，这种添加剂便宜”。

一石激起千层浪，这次群体性事件的爆发，使消费者认识到三鹿集团的“表里不一”，三鹿集团当初所做的承诺不仅没有兑现，反而对消费者造成了极大的伤害，公众对三鹿集团原本抱有的期望转变为了彻底的失望。而田文华也因为“三鹿事件”被判无期徒刑，结束了他多年来对社会和公众造成的影响力，三鹿品牌也因此遭到了毁灭性的打击。

从海尔集团逐渐壮大与三鹿集团最终走向毁灭这一巨大的对比中，我们应该清楚地认识到：领导者对企业、对社会的影响力是通过对消费者的影响而逐渐形成的，如果能够使消费者看到企业一心为顾客着想的“真心”，那么他们也会“以心换心”，全力支持企业的发展、支持企业领导者的决策和做法；如果企业对顾客“虚情假意”，那么顾客也将会弃企业于不顾。因此，企业要想做大、做强，企业的品牌要想获得公众的认可，企业和企业的领导者就应该做到“表里如一”，以实际行动去换取消费者的信任，对他们产生正面的、积极的影响力，而不是“挂羊头卖狗肉”，骗取顾客的信任，最终却给他们带来更大的伤害。

2. 可信度遭质疑成影响力杀手

信任度遭受公众的质疑是领导者影响力的最大“杀手”!

古时候有个叫曾参的人，他是孔子的弟子，十分重信义。一次，曾参的妻子去赶集，但是孩子一直缠着她不让她走，为了摆脱孩子的纠缠，她答应孩子从集市回来杀猪给他吃。摆脱孩子的纠缠后，她如愿以偿去赶集了。但是当她回来的时候，却发现丈夫曾参已经把家里唯一的一头猪杀了，正在剥肉。妻子雷霆大怒，问曾参为什么把猪杀了。曾参很平静地对她说：“是你答应孩子要杀猪吃肉的。”妻子辩解道：“我只是骗他而已，怎么能真的把猪杀了?”曾参依旧平静地说：“说到就要做到，即使对方是小孩子，我们也不能欺骗他。你现在欺骗他，他以后就会欺骗别人，这可不是教育孩子的方法!”

“曾子杀猪”这个故事告诉我们：做人，应该言而有信，诚实无欺，许下的诺言就要想办法兑现。

企业内部的“信任危机”，会使领导者丧失自己的影响力

某公司总经理为了激励员工的工作兴趣，答应为所有员工涨工资。听到这个消息，员工们都非常高兴，工作十分卖力。到下个月时，产品的生产和销售量都得到了极大的提高，公司的利润也得到增长。然而，工资发放后，员工们发现工资并没有涨，还是原来那么多。为了平息员工们的怨言，总经理召开大会告诉员工因为公司要扩建，很多资金被投入到新厂房的建设中，这个月工资还是与原来的一样，下个月一定涨。听到总经理的解释，员工们也都释然了，毕竟公司扩建也是大事，公司赚钱了，自己也亏不了。于是，员工们接受了总经理的解释，继续工作。

第二个月，公司的利润依旧保持上升的趋势，但是员工的工资还是没涨。员工们要求领导给个说法，总经理的解释是：新厂投产，资金用于购买设备，工资暂时不涨，下个月看个人绩效发奖金。出于对总经理的尊重，员工们再一次相信了，并努力工作，希望通过绩效拿到更多奖金。

第三个月，公司的利润又上涨了，然而员工的工资依旧没有涨，那些最努力、绩效最好的员工，工资也没有涨多少，而那些绩效比较少的员工，根本就没有所谓的奖金。此时，员工们愤怒了，纷纷表示自己的不满。尽管总经理适时地给出了合理的解释，但是大家都不再相信领导的“鬼话”，工作积极性受到极大打击。

第四个月，公司业绩一落千丈。

企业领导者这种“狼来了”的把戏也许能够糊弄员工一时，但是却无法做到长久欺骗员工，而这种欺骗也会使领导者的信任度遭受质疑。一旦员工们开始怀疑领导者的承诺和决策，那么领导者对员工的影响力将丧失，他们的决策和命令将无法顺利执行，而企业离开了员工的共同努力，将会很快陷入瘫痪。因此，在企业内部，领导者一旦做出承诺，就必须兑现，这样才能让员工心服口服，更愿意追随在其身边。

企业外部的“信任危机”，会让领导者和企业丧失对公众的影响力

某手机产品的销量一直很好，相对于同行的产品来说，质量也算不错。为了拓展市场，拉拢更多用户，生产商向消费者承诺，在最新推出的一款机型中，将会增加一些新的功能，使用户使用起来更为方便。这一消息令原来的手机用户充满期待，而且也吸引了其他顾客的目光。

该手机的新款一经上市，立刻被抢购一空，顾客们都在迫不及待地探寻手机的新功能。然而，顾客们很快就失望了，原来，除了手机的外形有所改变之外，内部根本没有任何变动，当初宣传的“新功能”没有实现。面对消费者的投诉，手机生产商给出了这样的解释：手机以前都是翻盖的，现在改成直板的，使用起来更加方便，能够减少翻盖时对手机造成的损害。而且，手机的电池容量得以扩充，待机时间更长了。

对于手机生产商的这一解释，消费者们表示很愤怒，也很失望，他们没想到生产商当初为手机做的广告是噱头，是骗人的。消费者们纷纷要求退货，并在舆论中对手机生产商表示谴责。这次“信任危机”令该手机品牌在市场上的影响力大为削弱，市场份额不增反减。而该公司领导者在公众心中一贯保持的“忠厚、诚实、一切为顾客着想”的形象也一落千丈，他对公众的影响力也消失殆尽。

企业领导者要想对员工、对公众建立起影响力是一件非常不容易的事情，但是一次“信任危机”就可能将辛苦建立起来的影响力毁于一旦，即使能够加以挽救，也会耗费大量的时间和精力，因为需要弥补对公众造成的心灵上的伤害。

因此，信任度遭受公众的质疑是领导者影响力的最大“杀手”，任何领导者都要在“信誉”方面加倍小心，要么不说，要么说到做到。

3. 语言障碍导致影响力出现偏差

如果领导者存在语言障碍，就会在沟通中出现偏差，从而削弱自己的影响力。这点应该引起领导者的注意。

在对领导者影响力的测试中，有一组关于领导者沟通技巧的题，拥有较强沟通能力的领导者对员工造成的影响力要远远大于那些不懂得沟通的领导者。要想学会沟通，必须有扎实的语言功底，并运用语言技巧表达出自己的想法，在与员工进行互动式交流时，才能取得效果。如果领导者存在语言障碍，就会在沟通中出现差错，从而使自己的影响力出现偏差。

现代管理学认为，企业领导者将70%的时间用在与下属员工的沟通上，而企业中70%的问题也都来自于沟通中出现的偏差。沟通是人与人之间进行思想和信息交换的重要方式，近代管理理论奠基人之一、美国著名组织管理学家切斯特·巴纳德认为："沟通是将组织中各个成员联系在一起，实现共同目标的重要手段。"在一个企业组织中，领导者与员工之间需要通过沟通传递决策和指令，需要通过沟通交流思想。对于所有的沟通而言，"语言"是它的载体，只有通过语言，才能保证沟通的有效性。因此，这两个"70%理论"的根源还是在于领导者的沟通语言上，由此可见，"语言"对于领导者影响力的重要性。

既然语言对于领导者的影响力有很大的影响，那么想要建立影响力的领导者就必须提高自己的语言能力。这里的“语言”包括口头语言、肢体语言以及信件、电子邮件等。

口头语言表达的重要性

在与员工的交流与沟通中，口头语言是最具有影响力的。领导者的一句话，会给员工带来极大的影响。

某公司的一位员工经常受到老板的批评，即使他做得好，老板也总要找出一些理由对他进行训导。而这位员工在公司里又是公认的最努力、最有潜质的员工。终于有一天，这位员工忍受不了老板的训导，去找老板理论。

“为什么我做的每一件事您都要不满意？难道我的工作做得就那么差劲?”员工不服气地问。

老板毫不动气，平静地问他：“如果我要走远路，你觉得是骑马好还是骑驴好?”

“当然是骑马好。”员工毫不犹豫地回答。

“为什么是骑马好?”老板继续问。

员工回答：“这还用问吗？马跑得快，耐力又好，而且马比驴听话得多，能够供人驱使。”

老板语重心长地说：“你说得很对，我之所以会对你做的事情不断指责、经常训导你，是因为你是一个值得栽培的人，想让你在工作中多积累一些经验。咱们公司以后的发展要靠你啊!”

听完老板的解释后，员工终于释然了，在以后的工作中更加努力。

无论是赞美、鼓励，还是责骂、训斥，口头语言都是沟通中的重要组成部分，领导者需要通过口头语言表达自己的想法，进而对员工造成震撼。提升口头语言的能力，需要不断练习、不断从一些书籍中掌握说话的技巧，并学会在适当的时机说适当的话，那样才能够取得相应的效果。在上面的例子中，老板在刚开始并没有告知员工这样做的目的，而是让员工不断忍受“屈辱”，不断磨砺他。直到员工不堪重负，再也忍受不住时，老板才告诉他这样做的目的。此时那些鼓励性的话语，就像是一剂强心针，远比其他时候任何鼓励的话更管用，也更容易让员工接受。

肢体语言表达的重要性

有时候，领导者的一个眼神、一个手势都能够给员工带来巨大的影响力，这就是肢体语言的影响力。在很多时候，肢体语言能够辅助口头语言，增强口头语言的分量。比如，在某些讲话的场合，领导者会在强调某些重点的时候，挥舞自己的手臂，这种手势能够让员工真切感受到这句话的重要性，并将其牢记。

肢体语言能力的培养非常简单，就是使用一些我们常用的手势、眼神等动作来与员工进行互动、沟通。只是需要注意一点，领导者在使用肢体语言时，应该让员工真切感受到自己想要表达的目的，将自己的信息准确传递给员工，那样才能够起到相应的作用。比如领导者向员工投去一个眼神，或者是拍一拍对方的肩膀，做这些动作时，领导者要让员工明白自己是在夸奖他还是在指责他。如果员工会错了意，必然会导致双方沟通的不畅，进而影响领导者对员工的影响力。

善于利用新科技进行“语言”交流

随着科学技术的不断发展，越来越多的“科技语言”进入我们的生活当中，领导者应该学会对这些“新语言”善加利用，通过它们来增强对员工的影响力。

电子邮件的诞生，使得企业的领导者能够迅速通过网络将自己的指令传递给所有员工，既节省时间，又能够加强与员工之间的交流，很多不能当面说，或者不方便当面说的话都可以通过电子邮件的形式告诉对方，避免了“面对面”的尴尬。而视频会议的出现，更加强了领导者对员工的掌控、加强了他们对员工的影响力，员工不仅能够听到领导者的声音，还能够看到他们的表情、动作，与现场开会没有任何区别。

这些新科技的出现，为企业带来了更为便捷的管理方式，也使领导者在增强个人影响力方面多了一条选择的路径。

某著名管理学家曾说过：“未来市场的竞争是管理之间的竞争，更是管理者影响力之间的竞争，而竞争的焦点在于领导者与企业内部成员以及与外部公众的有效沟通上。”能否正常、有效地沟通，决定了领导者的影响力，更决定了他们的竞争力。因此，作为沟通载体的“语言”，应该引起领导者的注意，只有不断加强语言艺术的学习，才能够达到沟通的目的。

4. 负面影响力使弱者愈弱

领导者的影响力是一种非常奇怪的东西，当你能够给他人带来巨大的正面影响力时，这种影响力会让你变得无比强大；当你带给他人负面影响力时，他人的反馈会让你变得更加弱小。

领导者的影响力是一种非常奇怪的东西，当你能够给别人带来巨大的正面影响力时，这种影响力会让你变得无比强大，就像你对他人的正面影响能够通过他人的放大，然后再集中反馈到你身上，使你的影响力不断升级；反之，当你带给公众负面影响力时，公众的反馈会让你变得更加弱小。

负面影响力危害大

英国老牌报纸《世界新闻报》是默多克经营的传媒帝国旗下的一家报纸，2011 年 7 月 4 日，英国《卫报》头条刊登的新闻，令《世界新闻报》陷入“窃听门”事件。这则负面新闻一经报道，迅速引起世人的关注。在整个“窃听门”事件中，《世界新闻报》窃听英国皇室威廉王子的事件，更是焦点中的焦点。由于电话窃听在英国是违法的，而且涉及皇室的尊严，因此，默多克的传媒帝国面临前所未有的危机，甚至有人断言，传媒帝国“走到头了”。

这一负面影响不仅使传媒帝国的股票大跌，而且对默多克以及他的传媒帝国在公众心中的形象造成了极大的损害。为了减弱或消除这种负面影响力，默多克不得不“舍卒保帅”，让负责传媒帝国英国事务的总裁丽贝卡·布鲁克斯引咎辞职，并向公众道歉，而且，拥有上百年历史的《世界新闻报》也因此停刊。

尽管通过最终的一系列“公关”，默多克保住了自己的传媒帝国，但是传媒公司还是深受影响，它不再是公众眼中的“宠儿”。

通用汽车公司是美国一家全球性的汽车生产公司，旗下包括别克、雪佛兰、凯迪拉克在内的多个汽车品牌，在全球汽车制造行业中有着举足轻重的地位。

2013 年，通用公司向世界宣布，将从印度召回 11.4 万辆雪佛兰 Tavera，原因是这些车辆无法满足当地标准。雪佛兰 Tavera 是通用汽车公司对印度市场的“专供”车，深受当地人喜爱，销量一直很好。而通用公司的这次大规模汽车召回事件，引发了印度消费者对通用汽车的信任危机，也对通用公司的利润造成很大影响。

为了消除这些不利于公司发展的负面影响力，通用公司不惜解聘了负责全球发动机工程的副总裁萨姆·维纳戈登，并向公众发布致歉声明，表示公司会严肃处理这件事。

像默多克经营的传媒帝国和通用汽车公司这样庞大的跨国集团尚且会因为一些负面影响力而对自身造成不可估量的损失，更遑论那些没有经济实力、对公众影响力较弱的企业了。

江苏某饼干厂自投产以来，不到两年的时间就已经发展到很大的规模，这种品牌的饼干深受大众喜爱。然而，一则负面新闻却将这家刚刚起步的饼干公司推向了悬崖。

原来，在这种品牌的饼干配料表中，标有鸡蛋、精炼油、精致面粉、蛋白质粉等多种有营养的配料，而且口感很好，深受消费者的喜爱。然而，有位记者在对该公司进行“秘密”采访时发现，配料表中的成分都是假的，记者在公司转了一圈，甚至都没有找到一块鸡蛋壳。所谓的“精致面粉”、“精炼油”也是子虚乌有，不过是一些普通的面粉和植物油。

该公司的这则负面新闻一出，立刻引起了消费者的关注。在经过政府部门的调查，并证实了报道的真实性之后，消费者群情激奋，拒绝购买并抵制该公司的产品。而政府部门也出面勒令该公司关门停产，进行整改。就这样，在负面影响力的反作用下，明明很有发展前途的一个公司就这样倒闭了。

一位领导者在公众面前树立光辉的正面形象、建立自己的正面影响力是一件非常不容易的事情，需要做很多公众认可的事情才能够一点一滴累积起来。然而，一旦出现某些负面新闻，领导者辛苦建立起来的影响力将会毁于一旦，而且负面影响力将会使领导者和企业承受更多、更大的压力。因此，作为企业的领导者，一定要想办法避免负面影响力的产生，以免给自身和企业带来不可挽回的损失。

5. 危机公关不到位，负面信息无限放大

做好“危机公关”，不仅能够消除企业和个人的负面影响，甚至能够提升企业和个人在公众心中的正面影响力，做到反败为胜。

尽管避免负面影响力的产生是最为有效的“规避风险”的方式，但是对于那些大企业而言，尤其是一些跨国性的大企业，难免会出现问题，对企业和领导者造成负面的影响。因此，当这些负面影响出现时，抱怨是解决不了任何问题的，唯一的方法是想办法消除或者是减弱这些负面信息带来的影响。这就涉及“危机公关”的问题，如果能够做好“危机公关”，不仅能够消除企业和个人的负面影响，甚至能够提升企业和个人在公众当中的正面影响力，做到反败为胜。

做好“危机公关”，消除负面信息

一直以来，作为万科集团的董事长，王石拥有“好公民”之称，无论在中国房地产界还是在公众中间都有极高的声誉和威望，在他的带领下，万科公司也连续多年被评为“中国最佳企业”。然而，“捐款门”出现后，王石和万科集团被一次次地推向了舆论的风口浪尖。

2008年5月12日，汶川地区发生特大地震，在地震发生后，各方都伸出援助之手，帮助抗震救灾以及灾后重建工作。此时，作为房产巨鳄的王石以及他所带领的万科集团宣布向灾区捐款220万元。这一数目看似不少，然而在全国企业界动辄上千万、上亿元的捐款面前，王石和万科集团陷入了尴尬的境地。而且当天，王石还对外宣布："这是个适当的数额，并且每位员工的捐款也以10元为限。"王石的这一番言论彻底引爆了舆论对他以及万科公司的指责，他和他的公司迎来了近年来最大的一次"公共信任危机"。在这场危机的影响下，王石以及万科公司在公众心中的形象一落千丈，而且从5月15日到20日，短短五天时间里，万科的股价大跌12%。有网友称"万科也在经受大地震"。

面对这次公共危机对自己以及公司带来的巨大负面影响，王石坐不住了，他决定果断出手，消除这些负面信息。在这次"危机公关"中，王石打了三张"牌"：赶赴灾区进行"专业赈灾"；捐款一亿元，堵住悠悠众口；不求回报、不收回成本式的援建。

首先，赶赴灾区进行"专业赈灾"。对于公众的指责，王石表示，自己一直在寻找"对灾区最有价值的努力方向"，并且正在研究灾区居民的重建工作。随后，王石带领一支专业的国内结构专家队伍奔赴灾区，参与灾后重建。

其次，王石和万科公司捐款一亿元支持灾区的重建工作。考虑到公众可能对"专业救灾"这种方式不会接受，王石打出了这张"捐款牌"，也好让公众看到自己也是一个有爱心的人。果然，这张牌一经打出，立刻挽救了王石和万科公司在公众心中濒临倒下的形象，使他们又重新获得了公众的认可。

最后，宣布"不求回报、不收回成本"的援建方式。这是王石打出的最后一张危机公关牌，也是一张反败为胜的"底牌"。王石对公众表示，万科公司的这次灾后重建工作，是完全无偿的，不考虑在灾区重建后搞商业开发活动。

王石的这次“危机公关”打得非常漂亮，他先是让自己和公司成为舆论关注的对象，然后再利用自己手中的“牌”消除负面影响、树立新的正面形象，给公众造成更深、更强的影响力。但是王石的策略也是在冒险，因为如果没有手中的这些“牌”，万科真的会遭遇前所未有的“大地震”，但是王石坚持到了最后，不仅消除了舆论的负面影响，更使自己和万科公司过了一把“明星”瘾。

做好“危机公关”，反败为胜

企业遇到负面信息危机的确可怕，但是如果能够善加利用，做好“危机公关”，也不失为一个树立个人和企业形象的好机会，关键是要抓住其中的机会，反败为胜。

李斯阁是全球最大的连锁企业沃尔玛的总裁和CEO，他被称为全球最有权力的CEO。李斯阁在沃尔玛掌握实权之前，只是一位负责采购和销售的部门执行副总裁，正是通过一次“危机公关”，李斯阁展现了自己非凡的实力，并被沃尔玛董事会看中，才有了今天的地位。

1996年，沃尔玛遭遇了一次公众危机：当时，沃尔玛旗下的一条服装生产线被有些媒体指责为“血汗工厂”，并称沃尔玛公司违反了美国宪法的相应法规，压榨劳动力。由于某位著名歌星也参与其中，舆论的谴责声越来越大。这一公众危机对沃尔玛公司的公众形象造成了极大损害。为了挽救公司的形象，不至于被舆论的呼声“淹没”，沃尔玛高层经过商议后决定由李斯阁担任公司发言人，全权负责处理这件事。

临危受命的李斯阁意识到这是一次难得的机会，于是，他利用自己的实力展开了一次危机公关。李斯阁做了两手准备：

一方面，李斯阁利用手中的权力，力劝公司高层出面恳请美国政府成立特别专家组对该服装厂进行调查，并将调查结果在媒体上公之于众。这样，在政府出面下，对沃尔玛的服装生产线进行了“正名”，使公众能够真正认识到这条服装生产线的真实情况，从而使谣言不攻自破。

另一方面，李斯阁代表沃尔玛公司，通过媒体向公众澄清了整件事情的始末，利用公司代表这一身份为公司正名。

在李斯阁的积极运作下，经过这一场“危机公关”，沃尔玛公司的销售额不减反增，实现了“逆袭”。当然，对于李斯阁的完美表现，沃尔玛公司的高层也都看在眼里，不久，李斯阁就被提升为沃尔玛零售分公司的CEO兼总裁。沃尔玛公司的这次危机，反而成了李斯阁上任的契机。

企业和领导者难免会遇到一些公众危机，令自身和企业的影响力被外界削弱，这时候，一定不能乱了阵脚，要稳住心神，积极寻找有效的应对办法，将“危机公关”做到位，打一个漂亮的“翻身仗”。

6. 小心，别被“不需要”影响

影响力的培养，就像一枚硬币有两面，即正面和反面，有对培养正面影响力积极的因素，也有对培养正面影响力消极的因素。

企业领导者影响力的培养，主要来自于自身，高尚的德行、渊博的知识、远大的理想、洞悉市场的眼光……这些都是一位拥有正面影响力的领导者应该具备的条件，若想树立正面的影响力，这些品质是需要培养的。然而，有正就有反，有对培养正面影响力积极的因素，也有对培养正面影响力消极的因素。一位拥有影响力的人应该懂得靠近积极的因素，远离消极因素。

影响领导者建立正面影响力的消极因素很多，下面的几种情况是影响最坏的，因此，领导者要远离这些因素。

傲慢

“傲慢”不等同于“个性”，也不等同于“张狂”，这是一种让人极度反感的态度。“傲慢”的表示方式有很多，有肢体上的，也有语言上的。比如，目空一切、不可一世的样子；比如，在与别人对话时不屑于看对方一眼的姿态；比如，不对别人的话做出回应，不答复别人的信件、公文等。这种傲慢的态度会令对方产生反感，难以得到对方的认同。

一些没有真才实学却狂妄自大的领导者在召开会议时，总是一副颐指气使的态度，说出的话带有让人难以接受的“强制性”。领导者的这种处事态度，不会让人感到他有多伟大，反而会让人觉得他是在掩饰自己心中的空虚与无力。

自私

“自私”是人的一种天性，是动物出于保护自己的一种本能。但是作为领导者，应该有“大胸襟”，不该为了一己私利而影响了企业的发展，只有克服“自私”这种天性，才能够成长为一个受人尊敬的领导者。

比如，有些企业的领导者住着洋房、开着豪车，办公室装修得金碧辉煌，享受着属于自己的荣耀，而工人们却在脏乱的环境中工作，这样的领导者又怎么可能在员工心中、在公众心中建立起自己的威信？反观那些有大影响力的领导者，他们都是与员工同甘共苦，共同创造财富，带领企业向前发展。“世界首富”比尔·盖茨的办公室与普通员工的没有任何区别、“全球第一 CEO”李斯阁的工作场所是沃尔玛公司创始人山姆·沃尔顿遗留下来的那间小房子……领导者的做法都被员工看在心里，要想对员工造成影响力，领导者必须具有“大公无私”的胸襟。

懒惰

俗话说“得到的总是与付出的成正比”，一个人工作越努力，他能够得到的也就越多。尤其是在市场竞争如此激烈的今天，想要坐享清福，等着企业自己运转，那是异想天开。另外，懒惰是会传染的。领导者懒惰，员工们也不会勤快，可以说，懒惰的领导者完全是在为员工做一个“坏榜样”，是在给自己的企业“掘墓”。

为了公平起见，微软公司的门口没有领导者的专门停车位，公司有那么多人，但是比尔·盖茨每次都有车位放车，为什么？因为他比其他员工到得更早！连微软这种全球性大公司的领导者都如此勤快，想要发展自己企业的其他领导者还有什么理由继续懒惰下去？

“不满足”是企业发展的动力，而懒惰会削弱领导者的这种意识，因此，拥有影响力的领导都会远离“懒惰”。

鲁莽

领导者做出的每一个决策都会对企业发展产生深远影响：一个正确的决策可以让企业实现跨越式的发展，而一个错误的决策能够令企业陷入万劫不复的境地。领导者在做决策的时候，应该谨慎地进行综合分析之后才能够向员工发出指令。因此，对于领导者而言，“鲁莽”绝对是要避免的。

鲁莽的领导者，他们的决策是依靠“灵感”而来，可能现在想到一件事情就立刻敦促下属去做；但是下一刻又想到另外一件事情，甚至与前一件事情是完全相反的，但他依然要求员工去做这件事情。所以，对于鲁莽的领导者，员工们时刻都是提心吊胆的，因为领导者的决策随时都会更改，而且当领导者的决策使企业蒙受损失时，承担责任的却是员工。

避免鲁莽，在做决策的时候更谨慎一点，相信每一位领导者都能够做到。

随便

“随便”不同于“随和”，它是一种消极的态度。身为领导者，在下达命令和决策时，应该强调它们的重要性，而不是对员工们说：“你们随便做吧。”这种态度会让员工觉得领导者不重视这件事情，那么他们的执行力度就会大打折扣。而且，当下属向领导者提出自己的意见和看法时，如果领导者的态度是“随便”的话，就会伤害员工的自尊心，使他们觉得自己的建议没有得到应有的尊重。相应的，员工们也不会对“随便”的领导抱有信心和尊重。

因此，这种漫不经心的态度一定不能要，这是在逐渐抛弃自己的影响力。

做事不节制

“不节制”的行为有很多，包括工作过量、饮酒过度等。如果领导者不注意节制自己的行为，就会影响到自己的工作，影响到企业的发展，进而影响到自己对其他人的影响力。因此，领导者要注意自己的言行。

上面所说的这些因素都会对领导者的影响力造成负面影响，因此，领导者要远离这些因素，要运用正面的、积极的因素来建立自己的影响力。

7. 表面你在伤害他，事实上是他在影响着你

在管理学中，影响力不仅有相互作用，还有“反向放大”的作用，所以企业领导者要小心谨慎，莫让你的客户“受伤”。

在物理学中，力是相互作用的，施力物体和受力物体承受的力是一样的。而在管理学中，影响力不仅有相互作用，还有“反向放大”的作用，当企业领导者将自己的负面影响力通过产品传播给消费者，并对他们造成一定程度的伤害时，顾客反馈回来的“伤害”会更大，甚至会让你的企业和品牌承受不住这种打击而直接崩溃。

从表面上看，是企业的产品在引领着潮流，影响着消费者的选择，实际上，是消费者的需求引导着企业产品的发展。比如，乔布斯复出后为了抢回个人电脑市场而推出的 iMac 系列电脑，这款电脑非常独特：半透明的外壳、发光的鼠标……这些独特的设计充满个性，令消费者们爱不释手。而苹果公司也借助这一机会重新占领了市场。iMac 电脑的设计固然是充满个性，引领了个人电脑的潮流，但如果不是消费者追求个性、追求时尚，这款电脑显然不会有好的销路。与其说乔布斯发明了一款新式电脑，不如说是他抓住了消费者们内在的需求。

而领导者和企业对消费者的影响力同样如此，表面上是领导者的影响

力影响着公众的选择，实际上公众的影响力也在左右着领导者和企业的影响力。因此，如果领导者带给公众负面影响力，那么公众会毫不留情地将更大的负面影响反馈给企业和企业的领导者。

公众的“反向影响力”要远远大于领导者对他们造成的负面影响

美国宝洁公司是全球最大的日用品生产公司之一，在全球有十多万名员工，分公司和生产基地遍布全球多个地区。日本的宝洁公司株式会社就是宝洁公司在亚洲的大型生产商和销售商，中国是宝洁株式会社在亚洲最大的消费市场。

2006 年 9 月 14 日，中国国家质检总局发布消息称，广东出入境检疫机构在来自日本宝洁株式会社生产的 SK - Ⅱ品牌化妆品中检查出禁用物质，这种禁用物质会引起皮肤的过敏反应，甚至会对肝脏等器官造成伤害。对于这一消息，宝洁公司发布声明称产品的质量没有问题，在出产之前都经过了严格的检验和安全评估。9 月 21 日，上海市食品药品监督管理局再度公布了对 SK - Ⅱ产品的检验报告，依旧认定该产品中禁用成分超标，严重危害消费者的身体健康。

此后，使用 SK - Ⅱ产品的中国消费者提出退货要求，但是宝洁公司却傲慢地回应：退货可以，但是必须签署承认产品没有质量问题的“霸王条款”。宝洁公司这种不但不认错，反而傲慢无礼的举动彻底激怒了消费者。消费者们大批涌进 SK - Ⅱ产品的销售点要求退货，在部分场所甚至出现了严重的治安事件：宝洁公司在上海的分公司被消费者围堵抗议，公司玻璃大门也被愤怒的消费者砸坏……面对群情激愤的中国消费者，宝洁公司不得不宣布暂时退出中国市场。

尽管宝洁公司一直没有承认产品存在质量问题，但是因为这次事件，宝洁公司蒙受了巨大的经济损失，新研制的 SK - Ⅱ产品在中国大陆市场的销售就此夭折。

宝洁公司产品出现质量问题却不向消费者道歉，反而傲慢无礼地对待消费者的退货要求的做法，不仅伤害了消费者对宝洁公司以及公司领导者的信任，更伤害了公司自身的利益以及公司领导者在公众当中形成的正面影响力。就像格力公司的“女掌门”董明珠曾在一次专家访谈会上对国内一位知名经济学家说的话一样：“企业要想发展，不能只为了利润，更应该依靠为社会、为消费者创造价值这样的发展理念，而且消费者是我们的上帝，伤害了消费者，就等于伤害了企业，因为受伤的消费者会最终抛弃你的产品。”

企业领导者如果做出了伤害消费者的事情，那么就要充分做好被消费者“反报复”的准备，而这种“报复”往往是企业难以承受的。因此，领导者和企业应该以诚心对待消费者，避免做出任何可能对他们造成伤害的事情。

CHAPTER 4

企业家影响力是品牌建设的一部分

——企业建设应从打造正面影响力开始

品牌建设始终是企业发展的一部分，若想把企业打造成国际化的企业，领导者必须从打造正面影响力开始。一个有工作能力、有才华的领导会给员工和企业带来无限希望，于无形中让人产生敬佩之情，这种源自内心的情感犹如一块磁铁，吸引着人们自愿去接受领导者的影响力。

1. 把影响力当成品牌建设的一部分

领导者的影响力占据了企业品牌建设工程的大部分领域，它像一条线，将那些零散的因素连接起来，形成一个整体。

企业领导者若想带领企业获得长远发展，必须建立起自己的品牌，只要品牌不倒，企业就能基业长青。比如，“五粮液”品牌已经传承了数百年，历经朝代的更迭，依旧屹立不倒；“松下电器”品牌，创始人松下幸之助早已故去，总裁也换了多任，但是依旧位于世界500强企业的前列。这样的企业还有很多，它们都是依靠自己的品牌而得以延续。

对于企业品牌的建立，有人认为品牌是产品对消费者造成的一种影响力的集合；有人认为建立企业品牌就应该从企业的商标、名字、企业文化入手，突出企业的与众不同……这些说法都对，但又不全对，因为他们忽略了企业领导者所拥有的影响力在企业品牌建设中的重要性。毫不夸张地说，领导者的影响力占据了企业品牌建设工程中的大部分领域，它像一条线，将那些零散的因素连接起来，形成一个整体。

领导者的影响力是企业品牌建设的一部分

从很多大品牌企业的发展过程中我们发现，企业领导者的影响力在其中起到了决定性的作用。

美国通用电气公司是向全球提供技术和服务业务的跨国公司，拥有 30 多万名员工，业务遍布一百多个国家和地区。通用电气公司的历史可以追溯到发明大王爱迪生创立的电灯公司，是一个老牌电气公司。但是真正使通用电气公司走向全球化的却是有“全球最受尊敬的 CEO”之称的杰克·韦尔奇。

1981 年，拥有一百多年发展历史的通用电气公司暮霭沉沉，整个企业内部都弥漫着浓厚的官僚主义气息。此时，杰克·韦尔奇走马上任了。当时杰克·韦尔奇只有 45 岁，是通用电气历史上最年轻的总裁和执行官。在入主通用电气之后，杰克·韦尔奇决定对公司内部施行改革，令公司重新运转起来。随后，杰克·韦尔奇排除万难，对公司内部进行了大刀阔斧的改革，一改公司内部的官僚主义，使这个暮气沉沉的“老人”重新焕发出活力与生机。

杰克·韦尔奇初掌通用电气时，公司的产值是 130 亿美元，销售额是 250 亿美元，盈利只有 15 亿美元，市值排在美国上市企业的第十位。而在他的领导下，经过二十年的发展，通用电气公司产值跃升为 4 800 亿美元，销售额达到 1 110 亿美元，盈利 107 亿美元，成为美国最赚钱的企业，市值上升到美国企业的第一位。可以说，在杰克·韦尔奇的带领下，通用电气公司实现了脱胎换骨的蜕变，他守住了这家“百年老店”，而且令它重放光彩，让世人再一次领略了它的风采。

而杰克·韦尔奇对世界做出的贡献还远不止这些。他所倡导的管理理念风靡全球，让整个国际市场都为之震撼，让更多企业重新焕发出生机；他所创造的企业文化，不仅造就了更多优秀的企业家，更引导了一种积极向上的精神。如今的通用公司，已经成为“商界的西点军校”，成为“经理人摇篮”，据调查，世界500强企业的领导者中，有1/3出自通用电气公司。

“美国当代最成功、最伟大的企业家”这一称号，杰克·韦尔奇当之无愧，他让世界开始用另外一种眼光看待通用公司和通用品牌，它不仅生产电气产品，而且“出产”优质的人才！这就是领导者的影响力为企业品牌的建设带来的强大的推动力。

不仅是通用电气公司，很多其他世界性的大企业同样如此，正是那些卓越领导者的强大影响力，才使得那些企业永葆生机。因此，建立企业品牌时，一定不能忽视了“领导者的影响力”这一关键因素，而且还要将这种影响力不断扩大，让其发挥出应有的效力。

2. 品牌即个人，个人即品牌

一个人就是一个品牌，品牌即个人，个人即品牌，公众看到什么，就认为它是什么。正所谓，所见即所得。

有人认为“品牌”是一门非常高深、非常复杂的学问，事实上，品牌并没有那么艰深难懂，一个人就是一个品牌，品牌即个人，个人即品牌。很多时候，公众都是通过了解企业的领导者来了解这个企业的，企业的领导者在公众眼中是怎样的形象，这个企业的品牌也就是什么样的形象。如果领导者做好了这个“人”，那么他也就做好了企业的品牌。

领导者本身就是企业的品牌象征

20 世纪初，为了提升国家领导人在公众面前的形象，国外就有了专业设计形象的组织机构，专门为国家领导人设计在公众面前的一言一行。这种设计机构的盛行，源于人们对“公众任务传播价值”这一认识的普及。对于政府官员而言，他们出现在公众面前时，代表的不是个人，而是整个政府部门乃至国家的形象。同样，对于企业而言，企业的领导者在公众面前代表的不仅是他自己，更代表了企业的形象、企业的品牌。

“好人陈光标”已经不再是一个简单的名称，它更是陈光标本人以及他所带领的企业的品牌代名词。由于陈光标个人对社会造成的影响力，当人们提起陈光标时，立刻就会与“好人”、“慈善家”、“良心经营者”这样的词汇联系到一起，而且也会将他带领的企业——江苏黄埔再生资源利用有限公司，视为一个“有良心”、“有公德”、“能够承载社会责任”的企业。

“狂人乔布斯”这一称呼之所以能够走红，不是因为乔布斯本人有多张狂，而是因为他代表的是“苹果”勇往直前的发展势头，一种迎难而上、永不服输的魄力，一种追求个性、追求时尚的不羁精神。提到“时尚”、“个性”、“独一无二”等词汇，人们就会想到乔布斯，想到“苹果”。

“中国企业教父”这一称呼是对联想公司的创始人柳传志的一种敬称，是对柳传志为中国的电脑市场、中国企业界所做贡献的一种肯定。说起柳传志，人们就会想到联想电脑，就会想到他所代表的那种不屈不挠的奋斗精神。

这样的“个人代表”还有很多，比如提到张瑞敏就想到海尔集团；提到松下幸之助就会想到松下电器；提到王致和就会想到一系列与他有关的产品等。这种最直观的个人与品牌的联系，就是领导者依靠自己的影响力带给企业的影响，就是个人塑造的品牌效应。

企业领导者要注意个人影响力的培养

由于企业领导者个人的形象代表着企业的形象及品牌，因此，企业领导者要注意培养个人的良好形象以及对公众的正面影响力。

商鞅准备在秦国实施变法、以法治国时，为了提高统治者的公信力，在人来人往的城门口树立起一根圆木，并在旁边贴上告示：谁能将这根木头从这个城门口扛到另外一个城门口，就赏十两黄金。告示贴出后，围观的人很多，但是没有人参与，这是因为大家都认为办这件事很容易，连小孩子都能完成，统治者不会出这么“小儿科”的题目。终于有一个人尝试着照做了，让众人吃惊的是，商鞅真的赏给他十两黄金。随后，举国上下都知道了这件事，人们也确实相信了商鞅是一个说到做到的人。于是，商鞅的变法才能够在秦国顺利施行。

商鞅的“城门立木”也许是最早通过培养个人对公众的正面影响力来达到“宣传”目的的案例。他通过这种做法在公众间树立了自己的影响力，从而让公众通过他看到了秦国统治者对变法的态度。

而如今，很多企业领导者也通过类似的方式来建立自己在公众中的影响力，从而使公众在了解自己的同时，也了解到自己所代表的企业。

陈光标之所以被公众认可，被认为是一个有良心的商人，是因为他做了很多慈善事业、做了很多有良心的事情。在创业之初，陈光标就立志要回报社会，并从盈利中拿出部分资金资助社会上有困难的人。随着企业做大，陈光标的慈善事业也越做越大：2006 年，他被评为“中国十大慈善家”之一；2007 年，他捐赠总额达 1.81 亿元；2008 年，在汶川抗震救灾工作中，他为灾区援建提供大量物资，被温家宝总理称为“有良知，有感情，心系灾区的企业家”；截至 2010 年 10 月，陈光标已向社会各界捐款达 14 亿元之多……他挣的不是最多的，捐的却是最多的，这也正是“中国首善”之称的由来。

培养个人在公众面前的形象以及正面影响力的方式很多，比如，做慈善事业，以诚待人，履行自己的社会责任等，这些都是极为有效的方式。企业领导者要时刻谨记“品牌即个人，个人即品牌”的道理，要向公众展示自己的光辉形象以及正面影响力，因为你代表的不仅是个人，还有企业。

3. 只有品牌有影响力还不够

对于企业而言，只有品牌有影响力还远远不够，带领企业发展的领导者还需要具有强大的影响力。

企业领导者与企业品牌带给公众的影响力是相辅相成的，一方面，公众通过企业领导者对社会的影响力来了解企业；另一方面，企业品牌对社会的影响力也会影响公众对企业领导者的看法。但是，前者所占比重更大，也就是说，领导者对企业品牌的影响力要远远大于企业品牌回馈给领导者的影响力。领导者离开了原来的企业，依旧能够发挥自己对社会的影响力，而企业品牌的影响力离开了领导者将会大幅度削弱。因此，对于企业而言，只有品牌有影响力不够，还需要带领企业发展的领导者有强大的影响力。

离开影响力，品牌将失去“灵魂”

对于企业品牌而言，能够为之带来强大影响力的领导者就像是企业的灵魂，引领企业的发展与品牌的创建。如果企业失去了这样的领导者，就会失去原有的活力与发展动力，企业将会陷入停滞不前的状态。企业停滞不前，也就意味着企业终将会被市场、被竞争对手淘汰。

“苹果”品牌是全球最有价值的品牌之一。在乔布斯执掌苹果公司时，苹果公司是一个散发着迷人魅力的鲜美“苹果”，它的产品风靡全球，品牌价值一度占据世界前列。然而，当乔布斯离开了苹果公司的那段时间，苹果公司失去了生机和活力，像一只待宰的羔羊，企业面临倒闭，市场几乎被竞争对手瓜分殆尽。如果不是乔布斯重新回归，也许那个鲜美的“苹果”真的会从世界上消失。

同样，在约玛·奥利拉执掌诺基亚公司时，从 1996 年到 2009 年的 14 年间，诺基亚一直霸占着世界手机销售市场的最大份额，它是手机品牌中当之无愧的“霸主”。有些业界人士认为，诺基亚在低端手机销售市场已经丧失了影响力，事实并非如此。市场调研机构 JANA 对印度、越南、菲律宾等亚洲市场进行了调研。结果显示，诺基亚在这些市场仍具潜力。由此可见诺基亚品牌的影响力并未消失。诺基亚品牌的强大，似乎无人能够撼动。然而，当约玛·奥利拉于 2006 年离开诺基亚公司之后，它的品牌影响力就大幅缩减。2011 年，在新的操作系统与智能手机的夹击下，诺基亚“销量第一”的位置被苹果和三星双双超越。2013 年，诺基亚公司的手机业务被微软收购。诺基亚手机品牌黯然离开手机市场，留给消费者无尽的叹息。

苹果电脑和诺基亚手机都有过各自的辉煌，它们的品牌世人皆知。然而，这种品牌的影响力更多的是来自于领导者给企业、给世人带来的影响力。因此，离开了那些拥有强大影响力的领导者的带领，企业品牌也将失去往日的风采，甚至被淘汰。

如何拥有影响力?

没有人能永远带领自己的企业品牌长存于世，正如谁都逃不掉生老病死的自然规律。企业也终要面临新旧领导者的更替问题。企业如何才能不受影响，并保持品牌的影响力流传于世？答案就是寻找能够为企业带来影响力的领导者。

李斯阁不是沃尔玛的创始人，却是它的发展者，如果没有李斯阁，沃尔玛就不会在短时间里发展为全球最大的连锁公司。继山姆·沃尔顿之后，李斯阁以自己的影响力再次为沃尔玛注入了活力，使得它能够继续发挥品牌的影响力。

1981 年，杰克·韦尔奇接任第八任通用电气公司总裁。在此之前，该公司已经延续了上百年，疲态显露。韦尔奇上任时曾做过这样一个比喻：那时的通用就像一艘已经开始漏水的豪华巨型游船！一般的船长可能会想，不要去摇撼这条船，最好是去修补。但是杰克·韦尔奇却用自己的新观念和新策略让这艘船重新焕发生机，使它的每一种产品都在同类产品中处于世界领先地位。在杰克·韦尔奇的带领下，通用品牌在世界上的影响力变得更强大了！

柳传志创建了联想电脑公司，并为它注入了灵魂，该公司在柳传志的带领下，不断实现突破：联想集团从 1996 年开始，销量一直位居国内电脑市场首位，联想品牌也成为中国最大的电脑品牌，并逐步走向世界。柳传志离开联想公司后，由杨元庆接任董事长和执行总裁的位置。杨元庆并没有让联想品牌“砸”在自己手中，反而带领联想集团实现了新的突破：2013 年，联想电脑的销量跃居世界电脑市场第一位，位列全球 500 强企业第 329 位，杨元庆使联想品牌成功上升到一个新的高度。

因为领导者的更替而使企业品牌重新焕发生机的例子有很多，企业品牌之所以能够实现新的突破，是因为它们找到了另外一个影响力源泉，弥补了上一任有影响力的领导者离开后的空白。因此，企业要想长盛不衰，只有企业品牌有影响力还远远不够，还应该让它的每一任领导者拥有影响力，这样才能相得益彰，互相促进。

4. 积极地推广自己

企业领导者要善于将自己和企业产品向消费者推广。

企业领导者和企业品牌的影响力不是凭空得来的，需要领导者一点一滴去经营。品德、学识、信誉等个人内在的品质固然能够增加领导者本身的影响力，但是这种影响力影响的范围是有限的，一般只会对身边的人产生一定的影响。但是，领导者要想将企业的品牌做大做强，就必须将自己与企业品牌的影响力推向公众，让更多的人对企业有所了解。有了解才会有认识，有认识才能有欣赏，消费者对企业领导者和企业产品有了欣赏，企业的影响力才能够在消费者当中产生影响。因此，企业领导者要善于将自己和企业产品向消费者推广，而不是等待他们亲自“登门拜访”。

因影响力而权威

领导者要善于向消费者广泛地推广自己和企业，以扩大自己在公众面前的威信力。推广自己的方式有很多，下面向大家介绍几种常见且有效的方式。

首先，利用新奇的方式引起消费者的关注。

在宣传方式众多的今天，要想吸引消费者，让他们牢牢记住自己，就必须使用一些新颖、奇特的宣传方式。这样的宣传方式能够使“审美”疲劳的消费者眼前一亮，从而关注企业的产品。

纽约某女性用品商店的老板面临一个难题：在这个充斥着各种商品、各种商店的繁华街道上，自己开的这家小型商店实在是不够突出，没有任何能够引起顾客兴趣的标志。怎样才能够吸引顾客？该商店的老板突发奇想，决定带领店员在繁华的街道上进行一次“游行”：自己和店员都穿上五颜六色的服装，戴上鲜艳夺目的头饰，化妆成蝴蝶、蜜蜂、仙女、昆虫等不同的形象，然后在繁华的大街上散发商品宣传单和明信片。

果然，这种新颖而奇特的宣传方法吸引了大量的消费者，她们涌向这家商店，在里面挑选自己喜爱的商品。商店的老板终于抓住了顾客的眼球，使她们能够在商店林立的繁华街道上记住自己的商店和产品。

其次，利用媒体的力量让大家认识你。

媒体的传播力量是强大的，如果能够对这种力量善加利用，就能够很快地让更多的人认识你。

某位养生专家开了一家“养生保健店”，不幸的是，店铺开张快两个月了，顾客却寥寥无几。虽然这位养生专家非常优秀，但是店铺所处的位置却非常不起眼，因此缺少充足的客源。为了扩大自己在公众当中的知名度，这位养生专家与某电台进行合作，由他付费在该电台亲自主持一档关于养生的节目。在节目中，作为主持人，他向公众介绍了很多关于养生的知识，还向大家传授了很多生活小妙招。虽然刚开始主持这一节目的时候他是自掏腰包，但是很快，越来越多的人向他打来咨询电话，这位养生专家的知名度得到极大提高。此后，来他店里的顾客和咨询者越来越多，他的产品也逐渐有了销路。

最后，利用研讨会和讲座来提升影响力。

要想让更多人认识你，并接受你的影响力，举办一些商务活动或者是专业讲座也是一种很好的推广自己的方式。

在研讨会和讲座中，你可以向公众分享你的成功经验，让他们从中获益，进而也让他们更了解你、更了解你所代表的企业品牌。比如，美容院可以举办一些面向公众的免费的头发护理或者皮肤护理的课程，作为专家的你可以亲自为大家讲解并做示范；五金装修公司可以为公众举办房屋装修的讲座，向大家讲解在装修中遇到的问题、可以选用什么材料等。这些研讨会和讲座虽然是免费的，但是却能够在无形中为企业领导者和企业产品做宣传，提升个人和企业的影响力。

对于企业领导者和企业本身而言，公众不会主动来了解你和你的产品，唯一让公众了解的方法是主动向他们推广自己、宣传自己。因此，企业领导者必须掌握一些推广的方法，并通过这些方法向公众有效地推广自己，让自己的影响力能够不断扩大，这样对个人、对企业都是非常有益的。

5. 透过名人效应诠释正能量

“名人效应”拥有巨大的能量，能够将个人以及企业的影响力成倍地放大后再传播给公众。

当我们提到“海尔”、“苹果”、“微软”这些名词时，会很自然地联想到张瑞敏、乔布斯、比尔·盖茨；反之，当我们提到这些人名时，也会很自然地联想到他们所代表的企业和品牌。这就是“名人效应”。这种“名人效应”向我们表明，如果企业的领导人能够时常在公众面前露面并成为关注的焦点，那么无论是对个人还是对企业品牌都会有很大帮助，会让你的影响力不断得到提升。

利用“名人效应”提升影响力

很多企业在进行产品营销时，都会将企业领导者的形象放到产品前，让消费者在观看产品时，也能够看到企业领导者的形象。这样做的好处是显而易见的，因为在以后的日子里，消费者能够将产品与现实中的企业领导者联系起来，他们会感觉自己与企业高层有了某种内在的联系，因此也就会更倾向于购买你所代表的产品。而那些没有“脸谱”的商品，则难以引起顾客内心的共鸣，他们也许会想：谁是企业的管理者都不知道，出了问题谁负责？这种用自己的“脸”来为产品做宣传的营销方式已经屡见不鲜，几乎所有的大品牌都会以最具代表性的企业领导者作为“活广告”。

“苹果”产品的广告做得最好，在全球的普及率最高，原因就在于这个广告非常简单而有效：画面上只有乔布斯和一个被咬了一口的苹果。这个画面十分简单，却意义深刻，象征“苹果精神”的乔布斯与那个世人皆知、十分诱人的苹果相得益彰，而且乔布斯的头像也为产品做出了极大的宣传。

除了将自己的脸印在产品广告宣传册上之外，在电视上或者广播节目中成为明星，也是一个非常吸引消费者的做法，而且这种“名人效应”会通过媒体得以迅速传播。波士顿传媒公司的创始人卡尔文·波士顿就是利用这种方式让公众来关注自己、关注自己的传媒公司的。

卡尔文·波士顿在创办传媒公司之前是一家财务公司的财务顾问，在创办传媒公司之后，为了扩大自己的影响力，他在当地的一家电视台主持了一个名为“金钱的颜色”的栏目。在这个栏目中，他邀请一些银行家和律师作为嘉宾，为公众讲解一些关于财务方面的知识。由于节目制作得非常好，具有真正的社会价值，因此在开播半年后，被授予了“本地制造”的称号，而卡尔文·波士顿本人也成为当地的“主持明星”。

随后，有当地的银行为这个节目做了赞助，卡尔文·波士顿不用再花自己的钱制作节目，他的这种宣传方式收到了初步的效益。然后，卡尔文·波士顿又通过向全国公共电视台写信这一廉价的“招标”方式，将自己主持的节目的转播权成功地卖给了多家电视台，这样，就有更多的观众观看这档节目了。

当卡尔文·波士顿主持的节目吸引了更多原来不是观众的年轻人之后，他对节目的主题做了调整，不再讲述财务方面的问题，而是开始讲述“美国黑人如何快速致富”。利用这种“滚雪球”的方式，卡尔文·波士顿带领的波士顿传媒公司越做越大，到目前为止，他经营着一个全国性的期刊和广播电台。有人开玩笑说："每当公众听到波士顿的名字，他就会得到成捆的钞票。"卡尔文·波士顿的"名人效应"起到了相应的作用。

"名人效应"拥有巨大的能量，能够将个人以及企业的影响力成倍地放大，然后再传播给公众。因此，企业领导者要善于利用这种能量，想办法将自己塑造成一个"名人"，以此来扩大自己的影响力。

6. 企业家的财富展示增加企业关注度

企业家的财富一直都是公众关注的“重点对象”，而企业家在向公众展示财富的同时，也深深地震撼着公众。

通常来说，企业家个人的财富以及他们对企业的经营状况，往往是一个国家经济发展的缩影，通过对企业家财富的了解，能够从侧面反映出国家经济实力的增长和各个产业的发展趋势。因此，企业家的财富一直都是公众关注的“重点对象”，而企业家在向公众展示财富的同时，也深深地震撼着公众。

公众对于企业家财富的关注往往采用“主动”关注的方式，即通过一些资讯关注某位企业家以及他背后的企业、所在的产业领域，这种关注能够探索和了解企业家的财富、企业品牌、发展背景等信息，进而对企业家有更深入的了解。

财富被“曝光”，谁受益？

很多企业家不希望自己被“关注”，尤其在财富方面，他们觉得这属于个人隐私，不应该公之于众。然而，这种想法是错误的，因为公众所关注的不仅是一个数字，他们更关注财富背后的故事。因此，企业家在被公众关注的过程中，也将会对公众产生强大的影响力——他们的创业故事、创业精神以及财富品质都将形成一种榜样的力量并被众人进行传播，这种传播在对其他经济群体产生影响的同时，也会令公众更为广泛地关注企业家所代表的企业。可以说，“曝光”自己的财富，是企业家能够为企业吸引公众眼光的一种最为便捷、有效的方式。

从近年来显示的数据能够明显看出，“中国首富”这一名称为企业带来的品牌集聚效应，要远高于企业做的其他事情。比如，在2003年，国美电器的创始人黄光裕在“企业家人气排行榜”上仅列第52位，但是在2004年，由于他以105亿元资产的身价位列“胡润富豪榜”第一位，成了“首富”，因此他的人气也一跃登上人气排行榜的榜首。而网易公司的掌门人丁磊虽然位列富豪榜第七位，但是由于他是上一年的“首富”，因此人气依旧排在第二位。

而从“胡润百富人气榜”在2003年与2004年的数据对比中也能够看出，公众对于榜上人物的关注度有了大幅度上升。比如，在总量上，公众对榜上人物的关注度上升了2.8%，在2004年，“胡润富豪榜”发布之后，榜上人物的检索次数也上升了近一倍。而且据数据显示，富豪榜上排名靠前的人物以及那些“明星人物”，更容易受人关注。从这里我们也能够感到，企业家们通过自身的财富对公众又造成了新的影响力。

从这些企业家的人气以及他们所代表的企业受到公众的关注度能够看出，公开自己的财富，确实能够有效地提升个人以及企业的人气和关注度，而且企业领导者的创业经历与创业精神也能够被更多的人学习。一旦个人的事迹得以传播，其影响力也将随之扩大。

既然企业家的财富是引人关注的，那么企业家们就应该坦率地对外公开自己的财富，这不仅让更多的人了解到这些财富的来源，增加个人收入的透明度，还能向社会证明自己的价值所在，同时为企业带来更多的关注。而对自己的财富刻意隐瞒的企业家，反而会让公众产生怀疑，这对他们本身以及企业都会产生负面影响。

7. 企业家的活跃度拉近企业与公众距离

领导者应该学习美国总统候选人的拉票方法，让公众感到站在他们面前的是一个活生生的人，而不是一个冰冷威严的独裁者。

美国总统候选人在进行竞选时，不是在办公室里处理公务，而是要经常在大街上与公众互动。他们在公众聚集的地方发表演讲时，不仅向公众述说自己的政治观点以及如何发展国家的经济，还会向公众讲述一些自己的私事、糗事、不光彩的事。候选人这样的做法不是在“自毁形象”，他们是在通过这种方式拉近与公众的距离，让公众感到站在他们面前的是一个活生生的人，而不是一个高高在上的统治者。当双方之间的距离拉近之后，自然会有很多话题可谈，而公众也就会投出宝贵的支持票。

同样的道理，如果企业家能够拉近公众与企业之间的距离，消费者就会对产品感到亲切，就会更愿意购买产品，而企业家与企业品牌对公众的影响力也就能够在无形中传播出去。

如何拉近企业与公众的距离？

既然拉近企业与公众的距离能够使企业品牌获得更好的发展，那么企业家就应该考虑用什么方法来拉近双方之间的距离。其实，我们也可以借用美国总统候选人竞选总统的方法来达到这一目的，即提高企业家在公众面前的活跃度。在当今社会，一个不可否认的事实就是，企业家与公众的关系很紧张。出现这种情况的根本原因在于双方之间互相不了解，尤其是公众对于企业家充满了好奇，想要探询他们所处的世界。因此，当企业家能够经常出现在公众的视野中，并尽可能多地与之互动时，公众就能够充分了解他们，就能够拉近双方之间的距离。

要想拉近与公众的距离，企业领导者就应该放下“身架”，多参与一些公众活动，使自己变得更加活跃。在这方面，应该向“股神”巴菲特学习。

全球著名的“巴菲特午餐”是一项慈善事业，更是“股神”巴菲特亲近公众，提升自己影响力的机会。

“巴菲特午餐”起始于2000年，是巴菲特为了给美国的慈善机构募集资金而举办的一项慈善活动，这项活动以竞价的方式进行，谁出的钱最多，谁就能够获得一次与“股神”共进午餐的机会。这次“午餐”的价格非常昂贵，除了前两年拍卖的价格较低之外，其他时间都是上百万美元的价格，2012年更是创造了3 456 789美元的记录。

“巴菲特午餐”的意义非常重大，对于巴菲特而言，他能够通过自己的影响力为美国慈善机构募集资金，反之，这种形式的慈善方式又能够提升他对公众的影响力；对于竞价者而言，能够有一次单独面对“股神”的机会，可以近距离地聆听“股神”的教诲，或者是纯粹地满足近距离接触心中偶像的愿望。由于这些钱最终被用于慈善事业，因此，无论是巴菲特还是竞价者，他们都成了“慈善家”。

对于这项活动，我们可以认为是巴菲特走下“神坛”，与公众进行互动的一项活动，而公众也可以通过这项活动更好地了解巴菲特，从而拉近双方之间的距离，可谓是一举多得。

同样，企业家们也可以与经常邀请公众参加这样的活动，包括举办研讨会和讲座等，都是非常好的互动方式。这些公众活动能够增进双方的了解，拉近彼此之间的距离。

8. 利用自身知名度为企业“镀金”

企业家想要通过自己的知名度来为企业“镀金”，首先要想办法提升自身的知名度。

可能很多人不知道江苏黄埔再生资源利用有限公司，但是大家都知道陈光标，因为他是一个知名度极高的企业家，而江苏黄埔再生资源利用有限公司是陈光标创办和经营的公司。同样，公众可能没有听过某些公司，但是对于公司的领导者却耳熟能详，因为那些领导者都是社会上知名度极高的人物。很多人都是通过企业家了解到他所带领的企业，因此，企业家的知名度对企业的影响非常大，而企业家知名度的提升也能够提升企业的知名度。

如何提升企业家的知名度？

企业家要想通过自己的知名度来为企业“镀金”，就要想办法提升自身的知名度。

首先，树立起自己的专家形象，提高在公众中的知名度。

“专家”代表的是一种权威，一种公信力。专家所说的话总能够使人相信，专家参加的活动也总能够引起更多人的关注。因此，如果企业家能够在公众面前树立起某方面的专家形象，那么他的知名度将会得到大幅度提升。

“李宁”运动品牌的创始人李宁，他本人是一位优秀的运动员，曾先后赢得14个“世界体操冠军”的称号，拥有上百块金牌，是世界体操史上的一个传奇。这些荣誉也使得李宁成为体育方面的专家，无论是在体育界还是在公众心中，他的知名度都非常高，由他创建、代言的“李宁”品牌自然也更容易获得消费者的认可。

戴尔电脑公司的创建者迈克尔·戴尔，他本人也是一位计算机专家，他精通电脑设备的生产与维护，还曾在国际知名杂志上发表过多篇关于计算机的论述。对于计算机方面的问题，迈克尔·戴尔的一句话自然是非常重要的，他对于个人电脑的改革也势必会吸引所有消费者的关注。

“股神”巴菲特是投资方面的专家，他对投资任何的论断将会影响所有投资者的投资方向，他所说的关于投资的每一句话都会被各大媒体争相报道并引起投资者的关注。

这就是企业家的“专家”身份带来的“专家效应”，而这种“专家效应”能够极大地提升他们自身以及所代表的企业的知名度。

其次，成为媒体的焦点，提升知名度。

在如今这个信息大爆炸的时代，想要出名非常容易，只要你能够成为媒体的关注焦点，只要你能够站在舆论的风口浪尖，你的名字以及你背后的企业就会瞬间被成千上万人所了解。利用媒体的关注，是提升知名度最便捷的方式。

媒体的力量很神奇，它能够让好人好事在一夜之间传遍大江南北，也能够让坏人坏事在瞬间被公之于众。因此，鉴于媒体的这种力量，企业家在利用的时候，一定要注意它的“反噬”。在利用媒体力量提升自身知名度之前，企业家一定要选好引起媒体关注的“焦点”事件，要选择那些有利于提高自身正面影响力、有利于企业发展的事件作为焦点，这样才能够取得预想的结果。如果是负面消息引起媒体关注，那么这些负面消息就会被无数倍地放大，给企业和个人造成不可估量的损失。

张瑞敏带头砸掉不合格冰箱的事件，经过媒体披露后，引起了社会各界的广泛关注，公众从张瑞敏的做法中看到了他想要改变海尔冰箱质量的决心，也看到海尔员工对产品质量意识的提升。这一焦点事件使张瑞敏在公众心中的形象以及他在社会上的知名度有了极大的提升，取得了预期的效果。

有些关于企业产品质量的负面新闻，或领导者个人的负面新闻，虽然也能够成为公众关注的对象，但是却会对企业和领导者带来负面的影响，使个人和企业蒙受难以承受的伤害和损失。

因此，企业家要以正面的形象作为吸引媒体关注的焦点，这样才能使自己的知名度得到提升，也能给企业“镀金”。

企业家的知名度能给企业带来非常大的影响，因此，企业家要善于利用个人知名度的影响力来为企业“镀金”，提升企业和品牌的知名度。

CHAPTER 5

卓越影响力让企业口碑载道

——影响力由产品、行业、企业家构成

如果一个领导者虽满腹经纶，却不懂得向别人传教，也不知道如何让他人了解自己的能力，这样的领导者很难对他人产生更大的影响力。一位拥有影响力的领导者，必须懂得在行业里自我推销以及推销企业的产品，让非权力性影响力为自己加分。

1. 卓越影响力就在你身边

领导者努力为集聚影响力做准备时，却忽略了卓越影响力其实就在身边。

拥有影响力的领导者，总是能够“如鱼得水”，不需要过多地介绍自己，就会有大批人追随，可以充分展露出其个人魅力。但这种情况毕竟发生在少数人身上，更多时候，领导者都在为集聚影响力做准备，可他们却忽略了卓越影响力其实就在身边。

你可曾想过，那些能够“呼风唤雨”的人，也是普通人，只是因为他们身上具备优秀特质，才被其他人欣赏。是否能说出权威的话，是否能在关键时刻果断作出决定，是否有领导才能……这都是考验的因素，当你身上拥有越来越多的这些因素，影响力便悄然形成了。

缺乏影响力的人，需要亲自上阵推销产品；拥有影响力的人，可以做到让顾客眼巴巴地等待新产品被推出。产生这种差距的原因，归根结底是因为领导者没有将自己最“光辉”的一面展现在大众面前。产品品牌与领导者个人形象是紧密联系的，后者做得不够好，前者也会受到影响。

近年来，很多明星在淘宝平台上开网店，大多取得不错成绩，一方面，是因为顾客崇拜偶像而去购买产品；另一方面，是因为希望自己能跟上潮流，明星多半是时尚风向标，他们推荐的产品，是走在时尚前沿的。

这就是影响力的作用。

时尚、出镜率高的明星，会拥有更多粉丝，他们的一举一动都会被大众关注，影响力也就慢慢形成了。一开始，可能只是粉丝购买产品，待到口碑渐渐建立后，消费者会越来越多。

影响力的神奇之处在于，领导者不需要做太多“动员”，就会自动产生拥护者，这种现象需要经过点点滴滴的积累，最终提升个人魅力。

李阳疯狂英语曾风靡大江南北，李阳老师每到一处，都会出现大批粉丝，之所以选择参加他的集训营，购买疯狂英语的教材，是因为被李阳老师自身经历感染，他经常讲述，自己如何从一个英语成绩不合格的学生，锻炼成能说一口比美国人更流利的美式英语的人，这无疑是一股巨大动力，深深影响着那些渴望提高英语水平的人。

虽然自己在英语专业上有所成就，但李阳老师一向将自己放在很低的位置，这令学生们更容易产生共鸣，更愿意去了解李阳老师，进而了解他的产品，似乎有一种看不见的吸引力，让学生很想接近疯狂英语。

从品牌的角度说，李阳老师是个成功的企业家，却从来没有架子，这也是其个人魅力之一。疯狂英语的宣传工作，主要是深入学校。李阳老师常亲自带领学生大声朗读教材，并给予他们鼓励，在学生食堂吃饭，累了就在椅子上休息一会儿，正因为这种走进学生的方式，拉近了疯狂英语和顾客群的距离。

不论是李阳学习英语的经历，还是他乐于走到学生当中，倾听学生想法的过程，或是帮助学生解决实际困难的行动，都在潜移默化中，让学生接受自己，进而接受这个品牌，他不会说：“你们来买疯狂英语的教材。”而是让学生家长在看到孩子学习态度的转变后，主动想要购买，或是参加集训营。与其说李阳在宣传产品，不如说他通过自身影响力，营造了浓厚的学习氛围，尤其是他自己的经历也带有励志色彩，所以才造就了今天的“疯狂英语”。

可见，聪明的领导者会将自己与品牌最接近的一面展现出来，形成“相辅相成”的效果，让顾客在了解你的同时，也了解了你的品牌。形成卓越的影响力，并不需要做惊天动地的事情，而是越平淡，越能吸引顾客。

人格魅力是形成卓越影响力的重要部分。

如今，很多品牌的领导者愿意走到台前，让更多人认识自己，这是扩大影响力的首要步骤。当很多目光集中在你身上，这是令自己扩大影响力的大好时机，拥有怎样的人格魅力，决定了大众的目光是否会离开你。

当你以领导者的身份出现时，顾客多半会对你产生敬意，同时对你有所期待，如何解读品牌，如何做出表率，都决定了你的影响力。

一次，李阳老师去A城市做演讲，因为航班延误的原因，他迟到了20分钟。等他走进来时，会场响起了热烈的掌声，他快步走向讲台，正要踏上阶梯，看见地上有一处垃圾，他弯腰将垃圾捡起来，放进垃圾桶，然后沿原路踏上讲台，此时，会场又是一片掌声……李阳老师拿起话筒，没有着急说今天的主题，而是为自己迟到向大家道歉，这时候，会场再次响起掌声。

他在宣传产品前，就已经赢得了大众的认可。虽是举手之劳，却体现了他的优秀品质，进而加深其影响力。那次宣传活动很成功，李阳老师又招募了很多想学习英语的学生。

把身边的小事做好

产品最终会流入顾客手中，他们大多是普通人，所以更关注身边的事情，也就是说，品牌越接地气，越会受欢迎，这也是对领导者的要求。

一位朋友，开了间母婴用品店，之前的生意并不算太好，虽然她总是推销产品，顾客却不买账，等到她自己做了母亲，心态才转变过来。

现在，她几乎不主动推销产品，而是经常与顾客谈论孩子的事情，因为长期经营此类产品，她常常“培训”年轻妈妈，也会把自己的经验拿出来分享，她还会赠送一些自己制作的婴儿香皂等，引起了不少顾客的好评，生意也比之前好了很多。

由此可见，影响力是由细节产生。顾客需要的不是“假大空”，而是真正对自己有益的产品。如果你能够从他们的角度出发，聊他们最关心的事情，将顾客的心声体现在产品中，他们会更加欣赏你，进而喜欢你的产品，当然，这种状态要一直保持下去，只要你的影响力在，品牌优势就存在。

所以说，拥有卓越影响力，就要做好身边每一件事，你越优秀，顾客就越多，如此良性发展下去，还怕做不好口碑营销吗？

2. 差异化决定知名度

想要产品有知名度，就得在产品差异化方面做文章。当技术含量、经营策略、服务质量与竞争对手相差无几时，领导者赋予产品的文化内涵，以及领导者所体现出的影响力，将决定品牌的成败，也就是说，领导者要利用自身影响力，帮助产品打开市场。

领导者的影响力，与产品知名度息息相关。领导者必须将自己的产品与其他品牌进行差异化，才能凸显其优势，最终达到占领市场的目的。

想要自己的产品有知名度，就要在这方面做文章。当技术含量、经营策略、服务质量与竞争对手相差无几时，领导者赋予产品的文化内涵，以及领导者所体现出的影响力，将决定品牌的成败，也就是说，领导者要利用自身影响力，帮助产品打开市场。

比如，同样是教育机构，你如何让自己的产品脱颖而出？对于学生来说，最好的教育方式，是在轻松风趣的环境下进行，并且提供个性化培养模式；对于家长来说，首先，你得是个幽默的人，才能将快乐传递给学生，其次，你能够精心策划因材施教的方案，家长才会信任你，放心地将孩子交给你。

通过这些举动，家长能够体会到，你可以为学生营造欢乐的学习氛围，同时注重他们的个性，通过多与家长、学生进行互动，你慢慢影响着他们。

很多领导者急于推销产品，结果却令顾客很反感，因为无法让他们真正感受到，你的产品是独一无二的，只有你将个人魅力展现出来的时候，才能吸引顾客，产品是你的杰作，如果你很优秀，他们愿意相信产品是高质量的。

正如产品需要通过差异化提高其知名度，领导者也需要通过展现个性，扩大其影响力。这里的所谓个性，并不是要做特立独行的人，而是拥有优秀的特质，令自己有独特的个人魅力，以便吸引他人的关注。

不得不再次提到苹果公司曾经的领袖——乔布斯，他是一位个性鲜明的人，他主持设计的产品，成为世界上最抢手的科技产品之一。

乔布斯是个追求完美的人，在他的要求下，苹果产品的厚度一点点变薄，荧幕分辨率也逐渐提高。在员工看来，他非常苛刻，对细节的要求很高。当乔布斯将这种个性带到产品中去，“苹果”则成了最时尚科技产品的代名词。每当新产品发布，他都会详细说明自己的理念，不是站在企业的角度，而是从顾客的角度出发，说出了他们心目中想要的科技产品，并且能把握每一个细节。所以说，乔布斯设计的产品，是顾客真正需要的。

尽管很少有人会使用苹果产品的所有功能，但是乔布斯追求细节的个性却深深印刻在顾客心中，他们认定苹果产品，会带给自己不一样的体验。

由此看来，领导者只需要充分展现个性，并让客户感受到，客户就会主动去体验产品所存在的差异，这就是影响力的作用。正因为乔布斯关心细节，他抓住了顾客的关注点，并在产品中倾注心血与智慧，才使得苹果的产品充满吸引力。

产品最好的代言人是领导者

每个领导者都是有个性的，所以，会用不同方式解读同一类产品，这就是产品的文化意义，也体现了领导者的影响力。

比如，你是一个很看重孝道的人，就会将“孝心”赋予这个产品，而且自己又是很好的表率，因而容易在顾客中形成共鸣，产品的差异性随之体现出来；你也可能是个很看重健康的人，会将“养生”理念赋予该产品，同时与大众分享自己的养生之道，顾客就可以从另一方面解读产品。

可见，产品的差异性要靠领导者“挖掘”。正因为每个人关注点不同，所以你才会拥有很大空间，通常情况下，能够在解读产品过程中，体现出个性的领导者，会产生更深的影响力。

值得一提的是，你可以多解读自己较为了解的要素，就可以在短时间内展现出自身优势，这是加深影响力的重要方法。接下来，多介绍一些自己在此方面的见解或成就，会令顾客产生崇拜感，进而将这种感情转移到产品上。

解决产品差异化需要传递正能量

领导者要带领产品面对大众，必须通过传递正能量而被大家接受，不论你如何展现自身特质或对产品进行个性化解读，整体方向都不能出现偏差，越能聚集力量的领导者，越受到大众拥护，影响力自然也能保持下去。

想要传递正能量，必须不断释放出积极的信号，博爱、坚持、拼搏等，当产品被赋予这些“品质”时，顾客会联想到其背后的领导者，同样具备这些优秀特质，在多方面的情绪感染下，更容易让顾客接受产品，从而做好口碑营销。此时，领导者的良好形象树立，对日后产生源源不断的影响力，有积极作用。

大众渴望正能量得到传播，你只有令他们的期望变成现实，才能赢得更多目光，所以说，积极地将你所具备的优秀品质展现出来，并赋予产品相关文化，对提升产品知名度有很大帮助。顾客需要动力，你就多鼓励他们；顾客需要关爱，你就多关心他们。当你帮助顾客看到产品背后的价值时，影响力才真正发挥作用，此时，不但你被他们牢牢记住，你的产品也成为畅销货。

可见，产品的知名度与领导者的影响力紧密相关，在所有产品寻求差异化的今天，大众更希望看到的产品是由充满个性化的领导者带出来的。领导者身上的“亮点”会成为顾客瞩目的焦点，如果你有别于其他领导者，大众便愿意相信，你的产品同样独一无二。简单地说，你的态度和行为，影响着大众对品牌的看法，想要解决产品差异化的知名度问题，就是要让自己“脱颖而出”。

3. 获得行业认可、社会认同

对社会有积极影响的力量，更容易获得回应，当你从幕后走到台前，顾客的目光始终追随着你。

尽管一再强调领导者要凸显个人优势，树立个性鲜明的形象，从而吸引大众的目光，但有一点要特别注意，你的想法、行为和见解是否能获得行业认可与社会认同，这关系到你的产品是否同样被消费者认可。因为在大众眼里，产品反映了制造商及领导者的理念和价值观。

对社会有积极影响的力量，更容易获得回应，当你从幕后走到台前，顾客的目光始终追随着你。想要获得认同，就要提出新见解。如果你跟在其他人后面，默默无闻地前进，这对产品是无利的，建立良好的口碑营销，必须要有迎合大众的想法，最终形成正能量，既获得了行业认可和社会认同，又创造了源源不断的影响力。

在一个群体中，有号召力的人，通常处于领导地位，那些“被影响”的人，或许心中有想法，只是没有说出来，由此可见，谁能说出大众的想法，并赋予他们动力，才能最终变成行动。

影响力的作用就是这样产生的。

想要利用领导者的影响力实现口碑营销，首先要弄清楚顾客需要什么，然后朝着相应的方向努力，你的行动才能产生影响力。

比如，社会大力倡导“节约”，在设计营销策略时，就应围绕“节约”展开。如果你可以把顾客想表达的东西呈现出来，就会立刻抓住他们的心，这是形成吸引力的好方法，也是获得社会认同的基础。同时，你也要获得行业认同，你的想法要得到同行们的支持。

王先生是某家电品牌的营销总监，最近，企业推出了新款节能产品，吸引了同行与顾客的眼球。

年初，王先生在网上发布了一部摄像作品，记录了他与家人生活的点点滴滴。以某一天的生活为切入点，展现了他的家庭既普通又温馨的生活。

人们从中可以发现，王先生虽然能够为家人提供优渥的物质条件，但并不铺张浪费，在生活的细节处总能体现出节约。影片中有一个场景：当孩子的某些行为造成浪费的时候，王先生告诉他，应当如何做，因为勤俭节约是传统美德。

这令很多人对王先生刮目相看，当新款节能产品被推出，瞬间引起轰动，销量也直线上升。

从产品的角度看，“节能”是近几年来的发展趋势，整个家电行业都在更新技术，顾客也愿意购买节能产品，这是被行业和社会认可的。

从情感的角度看，社会大力倡导“节约”，王先生以自己家庭生活为主线，将这一美德呈现在大众面前，更具有表率作用，以此增加自身的影响力。当相关产品被推出时，大众自然相信它的节能是真的，而不是商家的噱头。

很多领导者都想通过增强影响力，提高营销业绩，却忽略了你和产品都要先得到行业和社会的认可，如果连这样的基础都没有，影响力又谈何扩大？

所以，在提出想法前，先考虑清楚，是否能被行业和社会接受。可以先做调查，看看这一阶段里，大众都有哪些需求，而不是急于向大众表白：我能带给你们什么。

领导者做足了“功课”，才能交出令行业和社会满意的“作品”，此时，大众明白你的用心：你是站在他们的角度考虑问题。

单凭这一点，你已经为自己的影响力加分了，这正是创造口碑营销的开始。接下来，是让大众了解自己，当领导者被揭开“神秘面纱”后，同行和顾客会愿意进一步认识你，可以通过一些互动活动，增加你与大众的思想交流，这比单纯地推销产品，更容易被接受。值得一提的是，你的行为越亲切，大众越能感受到你身上的品质，影响力就这样积累起来了。

高效、专业才能得到认可

身为领导者，时刻被大众关注，想要提高影响力，必须让大众感觉到你的权威性，当你的每一句话都掷地有声时，才会令人信服，影响力就在此过程中得到提升。

很多人都知道行业需要什么样的产品，也了解大众的心理需求，却只有少数人成为佼佼者。一个人有影响力，是因为他具备雄厚的基础，当你比别人更快、专业知识更丰富、创造性更强的时候，才能影响更多人。

社会处于不断发展中，人们渴望更高效地生活，当你成为“高效”的代名词，自然会被很多人关注，这是影响力发挥作用的基础。

当你用简洁、精准的语言描绘出产品的性能，大众所感受到的，不只是产品本身所带来的震撼，更为你的领袖气质所吸引。

此外，如果领导者具有丰富的专业知识，语言就更具权威性，不仅能体现出自信，还能帮助大众解决实际问题，此时，你的影响力会得到很大提升。同时，行业和社会对你的信任度也会有很大改观，你更容易成为“专家”式人物，这是保持影响力不断上升的直接办法。

情感共鸣更易引起社会认同

如今，很多企业家愿意同大众分享情感与生活，这是构建社会认同的有效方式之一，假如你一直处于“幕后”，社会就无法体会你的影响力。

建立口碑营销的关键，是让顾客看到产品背后的价值，当领导者在产品中倾入情感，顾客是能感觉到的，在他们看来，你通过产品这一媒介，将情感传递了过来。由此可见，领导者创造情感共鸣是提升影响力的重要方法。

比如，你组织慈善活动，将“反馈社会”的愿望展现出来，并带领大众一同参与，加深他们对你的了解。

不论进行什么样的活动，你都应当是主导者，也就是说，要将顾客“笼罩”在你的影响下，你越主动，他们接收到的信息越多。

此外，领导者还应当注重自身修养，才能赋予产品相应的文化内涵，在人们生活水平不断提高的今天，哪怕是必需品，都面临很多选择，想要利用自身影响力，让顾客青睐你的产品，就必须引导他们向往高质量的生活，而你应当成为“典范”。

当你出现在大众面前，就有机会让他们成为你的“粉丝”，进而去“模仿”你，但有一个前提，你设计的生活方式必须更有质量。比如，你是某服装品牌的领导者，从你的穿着打扮上，更能凸显出气质，顾客就更容易认同你的产品，因为他们相信，你是一个注重形象管理的人，因而是成功者，在你的影响下，顾客会研究、模仿你的穿衣方式，你就达到了通过文化内涵吸引顾客的目的。

获得行业认同与社会认可，关系到领导者的影响力是否真正有效，你尊重同行和顾客，才能拥有更多赞许。更重要的是，你要成为行业的“先驱者”，当你能做到更完美的时候，大众才会对你产生崇拜感，进而增加影响力。

4. 产品体现企业家的思想

企业家想要影响世界，最重要的方法是创造出更加先进的产品。纵然宣传得“天花乱坠”，产品不能体现企业家的思想，一切都是白费。

一位企业家曾说：“我看着自己设计的产品，就像看着自己的孩子。”

这句话道出了领导者的心声，但凡优秀的产品，都需要经过长时间的积累、设计、修改与完善，你在上面花费的心血越多，产品越经典，这是深得人心的关键。

“产品是从企业家骨子里发出的思想。”一个产品从无到有，需要企业家一点点琢磨和研究，从雏形到成品，可能要修改上万次，目的就是为了达到自己理想的效果，也就是企业最核心的想法。

企业家想要影响世界，最重要的方法便是创造出更加先进的产品，纵然他说得“天花乱坠”，产品不能体现他的思想，一切都是白费。

产品除了实用性外，还会被大众用来研究更深层次的东西，很多顾客通过解读产品，了解企业家的性格，反之也亦然。

领导者在与大众交流的过程中，应该主动将自己的理念表达出来，如果顾客不了解你的想法，就无法读懂产品，这对建立口碑营销是不利的。

比尔·盖茨年轻的时候就曾表示：希望每一个家庭都能用上计算机。

带着这样的想法，整个微软团队进入研发过程，既然想让计算机走进千家万户，一定要高效便捷，这就是盖茨为之努力的目标。

与此同时，顾客也在翘首以盼，比尔·盖茨带领微软成长的经历，长期处于大众期待的目光下，产品的每一次进步，对他和大众来说，都是值得庆贺的，因为比尔·盖茨离目标更近了，大众也从中获得实实在在的收益。

可见，领导者的想法与产品一致，不要吝啬与大众分享，比尔·盖茨之所以能吸引大众的目光，除了他创造出改变生活的科技产品外，更重要的是，他不断接近梦想的过程，值得大众钦佩，他的思想是要改变大众的生活，并且真正做到了这一点。从顾客的角度来说，解读产品的过程并不复杂，因为他们知道比尔·盖茨想要通过产品表达什么，顾客会觉得自己不单是在购买产品，而是“享受”它所能提供的高科技生活，这种先进的生活方式是比尔·盖茨带来的，这就是他能够长久保持影响力的重要原因。

很多人渴望接近领导者，因为领导者本身充满了吸引力，但并不是所有人都有接近的机会，然而，他们却可以通过接触产品实现这个“愿望”。对于领导者来说，这也是增强自身影响力的重要途径。

“核心思想”是关键

解读产品的时候，很多领导者注重介绍它的功能，其实，这并不是你需要做的，你应当用更多时间解读产品的精神内涵，这比单纯介绍其功能，更容易增加影响力。

某件产品可能存在多种功能，而这些功能一定带有“目的性”，那便是领导者想要体现的“核心思想”。比如，A产品是按摩器，既可以按摩颈椎，也可以放在腰部使用，它的“亮点”是比其他按摩工具更省电，更容易找准穴位……如果领导者如此介绍产品，在顾客看来，你只是在单纯地推销，影响力会很小。倘若换一种方式，引导大众将目光放在其价值上，也可以讲述推出这款产品的初衷，则会令人眼前一亮。

几乎所有的领导者在推出产品前，都要先从某些方面获得“灵感”，这是形成“核心思想”的基础，你为什么要设计按摩器？可能是因为看到年迈的长辈身体不好，希望通过这类产品减轻他们的病痛。尽管不少人会给长辈购买按摩器，但大多数老人因为怕费电，而舍不得使用，当你了解这一情况后，就找到了“灵感”，目标也因此建立。

所以说，领导者和产品都具备了“核心思想”，如果你能够向大众解读，他们就会觉得产品的价值不可估量，此时，领导者的影响力已经成功地转移到产品上了。

值得一提的是，当大众感受到领导者的“核心思想”，就会看出你的优秀特质，反之，你很难在顾客眼中成为“认真”的人。

当一个人告诉你，他只想努力做好一件事，你可能会非常欣赏他；而当一个人说，他想做很多事情，却不知道真正的目的，你对他的欣赏度自然会下降，这个道理同样适用在企业家身上。

利用“原创思想”启动产品

领导者的思想是企业发展的灵魂，想要推出令大众眼前一亮的产品，必须重视“原创因素”，顾客也能够从中体会到领导者的用心程度。

如今，随着生活水平的不断提高，用户体验越来越受到关注，顾客想要追求更舒适的体验，这是对产品“创新要素”的考验，当领导者在此方面投入足够多的精力，影响力才能发挥出更好效果。

苹果产品在过去十年中之所以受到大众的青睐，与乔布斯在用户体验方面的不断创新存在密切联系，身处高科技行业的他相信，原创精神必须扎根于脑海中。

不少领导者觉得原创是一件“痛苦”的事情，其实，你可以从相关要素上获得灵感，或是对已有产品进行改造，从而获得更好的用户体验。

想要提升影响力，必须要清楚，顾客在哪些方面的需求有待提高。比如，大众希望拥有一部储电能力强的手机，其他品牌在此方面都没有作为，就可以将此列为“原创思想”。当你带领团队攻破此方面的技术难关，最终将该产品推向市场，肯定会受到好评，与此同时，你的影响力也获得大幅提升。对于大众来说，更希望创新元素加入进来，而一个有创新精神的领导者，必然会带来改变生活的产品。

大众能够从产品中读出领导者内心深处的愿望，不论是赋予产品“核心思想”，还是通过“原创思想”扩大自身影响范围，目的都是为了让顾客感受到，你是一个有主见的人，所做的努力是服务于大众，这样一来，顾客便乐于接受你的“服务”，领会产品背后所包含的精神意义。

5. 别让人觉得你只是在卖产品

让顾客看到品牌明显的变化，他们才愿意“跟随”你的脚步，最终成为品牌的“忠实粉丝”。

正因为直接推销产品会令顾客反感，所以领导者急需换一种营销方式，别让人觉得你只是在卖产品，而应当换一种解读——你想要将更好的生活带给顾客。

想要获得既定的效果，领导者可能需要对很多方面进行调整，包括转移顾客的注意力、为产品注入内涵等，目的是帮助顾客找到产品的价值。

对于同一件产品，不同人有不同看法，领导者面对褒贬不一的情况，需要及时转移顾客的注意力，该如何对他们产生影响呢？

首先，你的目光应该是善意的，能够软化顾客的情绪，有助于营造良好的氛围，哪怕一开始他们很不情愿，你都要坚持用积极的情绪影响顾客。

其次，你要引导顾客将更多注意力放在产品的价值上，不论外形、价格，都是表面现象，更需要人关注的，是它给生活带来的改变，简单地说，你要引领顾客追求更有质感的生活。

领导者的影响力在于，让顾客看到明显的变化，他们才愿意“跟随”

你的脚步，最终成为品牌的“忠实粉丝”。对于顾客来说，他们始终追求“物超所值”的购买体验，满足了这个需求，对实现口碑营销会有很大帮助。

很多领导者会刻意地在大众面前提到产品，甚至像做广告一样，告诉大众该产品会带来什么样的改变，这很容易引起他们的反感。真正有影响力的领导者，会致力于相关方面的“研究”，使得产品更适合顾客，从而带来这样的感觉：我不是在推销产品，我是在进行一场“革新”。

靳羽西就是这样一个人。

她在20世纪80年代中期，已经小有名气，出生艺术家庭，接受过良好教育，各方面都非常出色，在别人眼里，她是美丽自信的，走到哪里都能成为焦点。

20世纪90年代初期，靳羽西进军化妆品领域，这是她的另一个梦想——帮助亚洲女性建立独一无二的风采，研制专属于亚洲女性的化妆品。

产品有了，如何吸引女性朋友的注意呢？靳羽西并没有去推销产品，而是将精力花在一张“配色表”上，任何亚洲女性都能通过这张表，找到适合自己的服装与化妆品配色。

爱美是女人的天性，靳羽西的这一举动，无疑是女性们的“福音”。在此之前，大家只能通过观察靳羽西如何搭配服装，然后再去模仿，如今，每天只需要“询问”配色表，每一位亚洲女人都能保持美丽和优雅。

作出这张配色表并不容易，不仅运用了靳羽西多年的内在积累，还要研究不同肤色、脸型、身高等亚洲女性的外在条件，综合这些，才有了这张配色表。也正因为它，使得靳羽西成为全世界所有化妆品公司中，最了解亚洲女性的人，让无数使用“配色表”的顾客体会到，靳羽西在产品上花费的心血，她已经将自己的全部，交给了占全球妇女数量一半的亚洲女性。

在化妆品市场，靳羽西同样取得骄人的成绩，她的气质与才华，堪称女人中的“典范”。她几乎不推销产品，而是想方设法给予女性朋友帮助，增加她们的自信，这正是她们需要的，并且确实改善了生活质量，所以大众相信靳羽西是一位“天使”，这便拉近了她与顾客的距离。

影响力从何而来？对于顾客来说，能够帮助他们解决实际问题的领导者，更加受欢迎，大众一直关注着你，你的行为是否对社会有贡献，成为“衡量”领导者责任心的重要杠杆，将社会责任牢记在心的领导者，影响力是强大的。

正因为你让他们有足够的安全感，所以顾客信任你的产品，想要成为口碑营销的佼佼者，便容易了很多。

“顾客就是上帝”

这句话几乎被人嚼烂了，却只有很少的人，能真正做到把顾客看作是“上帝”。领导者拥有吸引力的关键，在于令顾客感受自己是“被关心”的，靳羽西之所以成为有影响力的人，也是因为在此方面有突出表现。

领导者必须清楚：顾客为什么要购买产品，那些能够满足大众心里最根本需求的企业家，才会产生巨大的影响力。

虽然企业家口中说的，都是为顾客服务，将他们奉为“上帝”，最终还是将精力花在推销产品上，这样一来，想要增加影响力着实不容易。只有少数人，如靳羽西那样，通过不断钻研，让顾客真正看到产品背后的价值，她对于美丽的追求，深深影响着大众，她想用多年的积累，改变女性朋友的生活，这就是大众选择“羽西化妆品”的根本原因。

真正将顾客放在心中的企业家，会尽力为他们创造更好的东西，在此过程中，你所表现出的态度，是众人有目共睹的。大众更加相信你，也正因为你的态度，顾客的心理慢慢发生改变，这对积累“忠实粉丝”有很大帮助，只要你能够一直将“顾客当成上帝”，他们就会一直支持你。

多关心公益事业

如今，越来越多的企业家投身到公益事业中，获得不少好评，这是令自身影响力得到提升的直接办法。参与公益事业，不仅能够解决部分人的实际困难，还能让更多人意识到：我们的周围，有很多需要关心的人。

一位某乳制品公司的老总，当他得知很多山区孩子因为贫困，身体极度缺乏营养的时候，让员工给孩子们送去了几卡车乳品，并且通过网络向大众呼吁：帮助山区孩子改善体质。一时间引起很多人的关注。

就在此时，他组织了一项活动：顾客能够以折扣价格买到他的乳品，前提是为山区的孩子买的。公司每半个月会派人将这些乳品送给孩子们，同时把孩子们写给顾客的明信片带回来。

他原以为，只是折扣产品的销量会大增，没想到整个公司的销量都翻了一倍，自己也获得很多好评。

其实，公益事业一直被人们关注，大众并不缺少爱心，缺少的只是奉献爱心的“出口”，如果你能够将大众号召起来，自己便成为这件事情的主导者，不仅他们对你的崇拜感会上升，且愿意将你和自己当作“一路人”，所以会更加关注你的产品。

只会推销产品的是商人，并不是真正的企业家。企业家更容易得到大众的关注、尊重和依赖，你应当把自己当成青年人的榜样，鼓励大众用积极的方式生活，帮助年轻人实现目标……这些都比单纯推销产品更有意义，也是为品牌积累内涵的过程。

6. 为个人营销注入新活力

不管你的职位是什么，都应当尽力帮助他人，同时提高自身“被利用”的价值，为个人营销注入新活力。

营销活动是否成功，与领导者的个人魅力有很大关系，具备优秀特质的人，更容易吸引大众，影响力也会就此产生。

想要为个人营销注入新活力，就得关注与自己相关的方方面面，个人形象越优秀的领导者，品牌知名度越高，这一切都要从建立良好的人际关系开始。

想要保持良好的人际关系，首先得尊重别人，只有在平等的条件下，双方才会以诚相待，在大众眼里，企业家总是处于很高的位置，沟通难以进行下去。

实际上，企业家与社会大众在人格上是平等的，你只有将自己看成普通人，才会站在大众的立场上思考问题，也就是说，你越“普通”，个人魅力越明显。

不管你的职位是什么，都应当尽力帮助他人，同时提高自身“被利用”的价值。如果只是一味地“索取”，只会令身边的资源越来越少，当你愿意多为他人做一些事情，你的机会也就更多一点，时间久了，他人才能更了解你，这同样是提升影响力的重要途径。

身为花旗银行副总裁的程耀辉，一直保持这样的信念，他总是为别人想得更多一些，哪怕是基层员工，他也依然如此。以至于大家总说："有事情，你可以去找程总。"你在帮助他人的时候，身上的优秀特质才会被发现，别人信服你，你的影响力才能起作用。

有些人天生就善于交际，在他们身上，你能发现这些优点：真诚、善良、豁达、乐观、有毅力、有耐心……在举手投足间，自然流露出得体的言行，必然能毫不费力地令他人接受你。

当然，如果你觉得自己没有此方面的天赋，也可以通过完善性格，让别人乐于同你交往。

很多人将新东方创办人——俞敏洪当成"偶像"，他的成长、求学、创业经历，都是由他亲自讲述。他的想法很简单，就是希望以此给年轻人动力，帮助更多人实现梦想。

一次俞敏洪在一所大学的操场上演讲，他用幽默的语言，向在场师生讲述自己大学里的故事，也讲了创业期间遇到的困难。整个过程，俞敏洪没有一点架子，为人很实在，常常引得听众哈哈大笑，他告诉学生："你们现在所经历的欢乐、迷茫和痛苦，我同样遇到过，我甚至没有想过将来要干什么大事业，总觉得能教好书就行。"

俞敏洪每到一处，总有很多"粉丝"赶来，他不会为了演讲，加入很多浮华、不真实的因素，正因为贴近年轻人，他才有这么高的人气。

实际上，企业家与品牌是紧密联系的，与其"自夸"产品多么优秀，不如尽力提高自身魅力，大众需要有社会责任感的企业家，不仅是实力的象征，也是宽广胸襟的表现。

虽然领导者处于主导位置，引领品牌的进步，但少不了团队协作，因此，打造优秀的团队，成为考验领导者影响力的又一大难题。

营造具有影响力的团队

在团队协作越来越被重视的今天，领导者应当意识到：建设优秀的团队，需要影响力。

任何情况下，人才都是不可或缺的资源，除了高薪外，你用什么留住人才？

“招兵买马”本就是相互推荐的过程，你的个人营销是否成功，直接关系到贤者是否选择你。

第一，领导者应当尊重员工，当他们体会到归属感，才愿意倾出所有；第二，注意沟通，这是减少矛盾产生的重要办法。

每一个品牌的背后，都凝聚了团队的努力，产品便是团队智慧的结晶，但团队成员各有所长，如果你能够让他们各自发挥优势，品牌才有希望。这不仅要求每个人要做擅长的事情，还要建立统一的机制。

值得一提的是，能够虚心求教的领导者，更容易被员工认可，也容易拉近双方的距离，从另一个角度说，这是一种表率，能够深深影响团队成员。

建立高效的团队，领导者功不可没，不但激发员工的积极性，同样令大众折服，想要证明你的影响力，必须交付出“成果”，团队、产品都将证明你的能力，由此，个人营销才算获得成功。

有创造力才有影响力

创造力强的人，不仅拥有丰富的知识，并且善于思考，这种人综合能力强，具有发散性思维。

想要提升影响力，创新意识不容忽视，人们的眼光处于不断发展中，只有通过改变现状，团队和品牌才有竞争力，与此同时，你也成功实现了个人营销。

如何改善自身创造力呢？

首先，保持学习状态，不断积累专业知识。随着社会的进步，知识更新的速度和频率也越来越快，没有专业知识做基础，创造力便很难显现。

其次，改善智能，领导者需要提升综合能力。只有专业知识还不够，还需要将此转化为解决实际问题的能力，包括洞察力、情商、心态、记忆力、理解能力等，都应当得到普遍提升，凡事不妨多问问自己：还有没有更高效的办法。

领导者的创造力还需要“蔓延”至整个团队，感染并影响员工，让品牌有活力。比如，你可以鼓励员工把创意运用到工作中，或是推荐好的书籍给他们。

此外，领导者也可以进行有创意的“自我推荐”，可以多参与公众活动，除了演讲、讨论会等传统方式，还可以通过其他“方式亮相”，让大众看到不一样的你。比如，演唱、参与集体活动等。

成功的个人营销，会让你拥有更广的人脉，想要提升影响力，就得在其中不断加入新元素，才能迎合大众不断发展的目光。

7. 没有企业家会拒绝更大的成功

影响力是大众衡量企业家的“标杆”。

在企业家眼里，追求成功是一条永无止境的道路，因为所有人都会以不断成长的品牌为“参照物”，别人都在成长，倘若自己停滞不前，很快就会落后。凡是有远大抱负的企业家，都不允许这样的事情发生。

我喜欢把企业家比作“攀登者”，每到达一处，都在为更远的目标努力。于是影响力在无形之中，成为大众衡量企业家的“标杆”。

对于领导者来说，最可贵的是机遇，一旦有机会，都会努力地抢夺资源，为了让自己的企业脱颖而出，需要经历漫长的积累过程。

很多人之所以把企业家当成“偶像”，原因在于他们是一群有社会责任感的人。

随着淘宝网的日益兴起，马云和阿里巴巴也成为大众关注的品牌，它颠覆了传统购物方式，利用电子商务，让顾客做到足不出户，就能买遍天下。

阿里巴巴在1999年成立后，马云迅速获得了融资机会，很快，B2B公司问世了，解决了很多企业寻找供应商和卖家的难题。

马云想道：企业数量是有限的，阿里巴巴还需要更广阔的发展空间，为什么不将这种新型购物方式推广至普通大众？

带着这样的想法，2003 年，马云在自己的公寓里，创建了淘宝网。

为了提升网络购物的安全性，第二年，马云开通了在线支付平台——支付宝，这对淘宝网后来的迅速发展，具有重要意义，因为解决了顾客最根本的顾虑。

2010 年底，马云推出了淘宝商城模式，将公司拆分成淘宝网、淘宝商城、一淘网，这是淘宝不断发展过程中的产物：将顾客分类，进行精准服务。

2012 年，淘宝商城更名为天猫，又分出了包括聚划算、阿里云等七个事业群，阿里巴巴的业务不断扩大，品牌架构也越来越清晰。

后面的发展暂且不论，单看阿里巴巴这十几年的发展，就会领悟马云的抱负。顾客为什么会选择淘宝网呢？根本原因在于它已经形成完善的体系，满足大众在此过程中的任何要求，安全、高效、新颖、便捷、优惠……这些都是实体店和其他网上商城无法满足的。

令马云获得成功的更大动力，在于顾客的需求，阿里巴巴的不断发展，也是为了满足不同群体的需要，当产品覆盖至所有群体，马云也改变了大部分人的购物习惯。

越成功，越有影响力

为什么成功的企业家，都具备影响力呢？因为成功与影响力是息息相关的，越是成功者，越能获得更多掌声，也就越有动力。成功的人，总是占有较多的社会资源，大众始终关注着他们：如何利用这些资源。

在企业家手里，资源可以变成提升大众生活质量的“宝藏”，马云先创建了淘宝网，才创立了支付宝等一系列分支系统，给顾客的感觉是：淘宝网越来越好用，所以成交量越来越高。

当有了一定财富的积累，企业家才能够开辟更多分支系统，满足更多人的需求，这就是成功与影响力成正比的原因。

然而，所有人都不能忽略其中最重要的一个环节：企业家要追求更大的成功，只有充满对成功的渴望，理想才会变成现实。

不断进取的企业家，本身就很有魅力

阿里巴巴的成功，不是仅靠马云一人的努力，但他很可能是这个团队中，最有愿景的人，所以，他才能领导整个公司，最终改变人们的生活方式。

不少领导者都是在白手起家、几经周折的情况下，才有一定成就的。从创业走来，经历了多次挫折，让企业家具备了不断进取的精神，正所谓守业比创业更难，安于现状的人，很快会被淘汰。

企业家要有责任意识，你是团队的核心，是所有成员的“依靠”。作为品牌的“带领者”，顾客盼望着能推出更好的产品。

企业家的动力大多来源于责任感，这也是个人魅力的体现。企业家永远是领跑者，你自身的优秀特质，会让你成就一个品牌。

企业家很容易成为标杆式人物，影响力在此过程中得到升华，促成良性循环机制。

8. 企业家心中的行业格局：占山为王

因为资源有限，所以在商业战争不断升级的今天，没有胆略与智谋的企业家，无法成为品牌的引领者。

企业家之所以被人崇拜，根本原因在于他们拥有雄心壮志，这也是成就事业的心理准备，企业家应尽早规划好行业格局，第一时间占山为王。

纵观古代帝王的征战历程，谁都不允许在同一片地界上，存在几位王者，就连动物界都有“一山不容二虎”的说法。

正因为资源是有限的，所以在商业战争不断升级的今天，没有胆略与智谋的企业家，无法成为品牌的引领者。想要占山为王，必须有能力调集身边所有资源，这个过程中，你会不断影响身边的人。

首先，心中有抱负的领导者，自然会产生占山为王的念头，他代表一个团队的利益，他想完成的目标，需要其他人的协助，这种意识便得以传播下去，正因为“英雄所见略同”，所以更容易拉近你和贤者的距离，同时培养更多晚辈，这些人都有可能成为你的拥护者，甚至左膀右臂。

其次，光有胆子，欠缺谋略的人，不可能占山为王。但凡完成一项重大工作，领导者和成员都会倾出所有，同时也会收获良多，经验丰富的企业家知道，“硬碰硬”的争夺，无法体现领导者的能力，若是能智取，员工则能感受到“大树底下好乘凉”的优势，对领导者的崇敬，自然又多了几分。

如今，顾客更倾向于大品牌，而领导者能够占山为王的事实，更让大众有了信心，这又加速了形成行业格局，由此可见，企业家的实力与顾客的信任成正比，你越有野心，大众越看好你。

说起联想集团的创始人——柳传志，大家总会不由自主地流露出崇拜之意，这源于他创造奇迹的经历。

工科出身的柳传志，做了半辈子科技工作，他有满腔抱负，却苦于没有机会。40 岁的时候，机会突然降临，他冒着“高龄转行”的风险，接受了这个“创业”任务。

当时的背景是：中关村已经兴起了不少科技公司，也有很多人利用“两通两海”赚钱，但是柳传志并不想这么做。关于如何令企业赚钱，他坚持着自己的想法：采取大船结构，抢占山头。

当时，高层中多有异议：小船单漂的方式好，做一票，赚一笔钱！

柳传志非常坚定地表示：“哪怕是卖葱油饼，我也要做成连锁店。”

正因为他将企业的立意定在高处，才有长远眼光和坚定目标，在柳传志的带领下，团队气势保持高涨，迅速拿下好几个行业第一。

如今，联想已经完成了无数个目标，成为全球个人计算机的领导企业。柳传志虽然已经“退居二线”，但他对企业的影响，却一直保持着。

“占山为王”是一个远大的谋略，需要很多元素的支持，这个过程中还会遇到很多困难、诱惑，面对这些，领导者如何妥善处理，决定了团队的方向。从柳传志的身上可以总结出：愿意放弃蝇头小利的企业家，才能够抢占山头。

敢于制定宏大目标

"占山为王"不是轻易能实现的，需要有勇气的领导者制定宏大的目标，这本身就是一种激励，对员工能起到积极作用。

然而，"目标"并不是信口开河得来的，必须经过一段时间的考察和分析。目标过大，会令员工失去信心；目标过小，又无法调动员工的积极性，想要用"目标"鞭策和影响员工，必须有一定客观理由。

正如柳传志，他敢于制定目标，是因为他具备这样的魄力，并且他认为企业有能力完成这个目标。

可见，领导者越了解自己和团队，越能制定出精准的战略目标。制定团队总目标对于员工士气的鼓舞，是很有帮助的。

对大众来说，他们同样渴望看到有魄力的企业家，顾客为什么要购买你的产品，难道不是因为看到你所带领的是一支有希望的团队吗？如果你有占山为王的勇气和野心，顾客也会为之一振，一个有长远目标的领导者，肯定不会做出缺少诚意的事情，无形中给了顾客承诺，这也是利用影响力实现口碑营销的关键。

不为眼前利益放弃"长远"目标

实现"占山为王"可能是个既痛苦又漫长的过程，期间会出现很多问题，令人想选择放弃或是改变目标，领导者只有把理想中的行业格局深深印刻在心中，才能确保不为眼前利益放弃"长远目标"。

当企业高层出现不同声音的时候，柳传志非常坚定自己的选择，他想要占山为王，而不是打一枪换一个地方。

想做成大事业的人，一定要建立自己的"据点"，既然"占山为王"已经成为目标，所有人的眼睛都会看着你，若是遇到蝇头小利就动摇，大众还会信任你吗？他们不过会说："这样的企业家，无法成为行业霸主，因为他的精力太分散了。"

他们更看好那些"认准目标，并且集中所有力量出击"的人，因为这种企业家更有希望，所有大众会用实际行动支持，这就是影响力的作用。

是否敢于"占山为王"，考验了领导者的勇气；能否真的"占山为王"，考验的是领导者如何运用智慧和影响力。当然，这个过程缺少不了团队成员、社会大众的支持。

9. 兼容并包的狮群效应

企业家应利用狮群效应强强联合，在自己已经成为行业领导者的时候，与其他品牌联盟，结成更加强大的团体，利用对方的优势，弥补自身不足。

狮子是“草原霸王”，其他动物在它面前，几乎都逃不过“被捕”的命运。尽管如此，狮子也常常成群结队地活动，原本要花大力气才能捕捉到的猎物，在狮群的攻击下，很快奄奄一息，成为狮子的囊中物，这就是狮群效应。

狮群效应是强强联合的形象说法，很多企业家在自己已经成为行业领导者的时候，依然想到与其他品牌联盟，以结成更加强大的团体，利用对方的优势，弥补自身不足。这样，“团体”的抗压能力也得到提高，同时降低了风险，最终达到震撼效果。

员工之所以信服于领导者，原因是在于他能够提供稳定、广阔的发展空间，而企业强强联合后，刚好能做到这一点，无疑让员工吃了定心丸。当你把科学的战略告诉员工：企业一定将你们带去更远的地方，有利于将员工个人愿景和企业愿景融合在一起，成为强强联合的驱动力。

对于社会大众来说，强强联合更容易达到震撼效果。比如，A 品牌是国内知名的房地产商，B 品牌是国内最好的家装公司之一，这两个品牌形成“联盟”，会给大众带来很多优惠措施，同样能够积攒人气。

市场环境和行业状态不断变化，会让大众摸不着头脑，他们不知道应当支持谁，因而容易出现“选择混乱”，可能会让企业丢失一部分“忠实粉丝”。

而强强联合刚好能解决这个矛盾，当 1 + 1 > 2 的命题出现在大众面前的时候，很多人会眼前一亮，很想看看这个联盟到底能推出什么样的产品，此时，品牌就有了人气，加之对几位领导者的欣赏，强强联合或许会带来意想不到的惊喜。

对企业来说，想要以此提升知名度和影响力，必须找到适合的企业，随便凑在一起的联盟最终将不欢而散，尽管找到了能够合作的企业，也需要经历一段时间的磨合期，双方在企业文化、经营理念、管理风格方面都存在差异，如果没有将两个企业的“棱角”磨平，在合作过程中就容易产生摩擦，届时，领导者的影响力不但得不到提升，还会有所下降，狮群效应就无法真正起作用。

等企业找到适合的“小伙伴”，并且对方愿意同你结成“联盟”，大家又顺利度过了磨合期，强强联盟的优势便凸显出来。与之前相比，在共同建立的平台上，生产成本不但降低，而且生产效率反而提升了，这就是资源优化配置的结果。企业无形中拥有了高于之前一倍的资源，员工和大众的信心更足了，企业的影响力也随之得到提高。

2012 年 3 月，优酷网和土豆网共同宣布，两家公司将以 100% 换股的方式合并，新公司的名字为优酷土豆股份有限公司，土豆网消失。

这个消息传出后，很快引起大众的关注，这两家公司都是实力雄厚的公司，并且拥有固定客户群，强强联合之后，会取得什么样的成绩呢？

互联网本就是“赢者通吃”的行业，但是这两个“赢家”居然结盟了，竞争力不用多说，影响力也能达到空前。合并的新闻一出，马上吸引了大众的注意力，联合之后，他们更是变成了“巨无霸”，让震撼效果达到不能估量的地步。

此时，不管竞争对手如何担忧，对于土豆网和优酷网来说，强者和强者联合，都是发展的又一次机遇。

尽管这两大网络运营商早已在国内扎根，但是近几年，其他网络公司的出现，渐渐抢了它们的风头，影响力也随之下降，企业的资源依然存在，如果不能被灵活运用，员工和大众都会失去信心，想要重建影响力，土豆网和优酷网必须形成强大的整体。

在合并之后，两者的运营成本下降了，并且很快占据了行业第一名的位置，初有成就的“联合体”令大众非常看好，从合并的消息发布，到行业排名第一，大众的目光就没离开过它们，影响力可谓超凡。

“联合体”具备的硬件和软件优势自然不用多说，每当他们去谈项目，总是处于优势方，充分巩固了员工的信心。

同时，以前顾客需要付次费才能享受他们的服务，现在只需要付一次，得到的服务却是升级版，如何让人不选择他们呢？

两个公司的合并，让原本没有的优势，也变成优势项目。比如，门户网站为其视频业务带来巨大流量的事，新浪、腾讯、搜狐都可以做到，土豆和优酷之前无法完成，现在也可以了，而大众正需要这些，“联合体”很快解决了他们之前各自的困难，影响力再次得到提升。

在行业竞争极强的网络运营商之间，永远争得你死我活，谁落后，都会令其失去客户群，当“联合体”出现的时候，其他品牌明显失去了竞争力，顾客自然会选择更有优势的品牌，在使用过程中，又能马上体会到它所带来的震撼。

无论取得什么样的成绩，土豆网和优酷网都是在合并之后，才有了今天的影响力，合并成功后，双方不仅要马上习惯对方的管理方式和风格，还要不断挖掘合并背后可能存在的潜力。

很多时候，领导者只看到了表面的优势，如果你能思考得更深入一些，就能收获更多影响力。

产品最终要推荐给大众，如果他们觉得不好，再怎么强强联合也没用，所以说，一定要先弄清楚大众的需求是什么，再去考虑如何寻找合作伙伴。

先考察，再合作

组成狮群的狮子，一定是能力相当的，其中有一头狮子反应过慢，或是体质偏弱，其他强壮的狮子，是无法将他带入狮群中的，这个道理同样被运用在商业竞争中。土豆网之所以选择与优酷网合作，就是看中了对方的实力和资源，在正好能与自身实力、资源相匹配的基础上，强强联合才能真正发挥作用。

“强强联合”与企业兼并的差别

企业兼并的结果，是最终只剩下一个企业，另外一个企业通过购买它的全部资产，获得了前者的一切。这种情况多半发生在效益不均等的企业身上，在兼并之后，效益差的企业就不存在了，这并不符合狮群效应的内容。

但是，强强联合的结果，是双方在地位平等的基础上展开，合作期间双方应当保持密切关系，分开后依然能够独立存在于行业中，这会让员工和大众比较安心，如果采取兼并的方式，就会影响被兼并企业员工的心态，有损领导者的影响力，强强联合则避免了这方面的顾虑。

尽可能多地挖掘优势

企业强强联合的背后，很可能蕴藏巨大的机遇和“宝藏”，这些都是“联合”前所无法估量的，合作事项达成前，双方会仔细估算可能获得的收益，但是“联合体”与“独立体”的最大区别是 1 + 1 > 2，如果领导者认为“联合”了就完成了，你的震撼效果就会止步不前，甚至出现下降的可能。

领导者对利润的预估，只是在当前环境和行业背景下，随着企业外部、内部情况的变化，此时，强强联合的意义就更大了。

品牌想要提升竞争力，领导者就要充分挖掘“联合体”的优势。比如，G 品牌与 J 品牌合并为一个新公司，对于彼此来说，对方的公司比较陌生，也正因为此，领导者能从不同角度挖掘对方的潜力，正所谓“仁者见仁，智者见智”，当这些潜在优势被挖掘出来后，“联合体”才会真正成为作用不可限量的整体，此时，领导者的影响力还会“原地不动”吗？

每一个行业都存在“狮群效应”，当两个实力相当的企业形成新的整体，能量就会迅速激增，随之上升的还有领导者的影响力。

10. 企业家要规划出企业的发展方向

企业如一艘大船，掌舵人是核心领导者，商海中，很多人会迷失方向，而那些知道把企业带去何处的人，才会真正让大众信服。

如果把企业比成一艘大船，掌舵人一定是核心领导者，商海中，很多人会迷失方向，而那些知道把企业带去何处的人，才会真正让大众信服。

首先，要规划出企业发展方向；其次，有带领团队的能力与魄力，不因为他人的异议而动摇。

领导者的"方向感"很重要，在正确的方向上行驶，才会顺利抵达成功彼岸。这需要你具备敏锐的洞察力和自信的态度，即洞察企业未来发展方向，坚定不移地走下去。稍一松懈，就可能偏离航向，走向失败的边缘。

企业的发展规划，应当与大众的需求密切关系，比如，大众需要一个免费的分类信息服务平台，58 同城应运而生。

这是领导者提升影响力的第一步。

有了目标，企业还需要做什么，才能有进一步发展？这是领导者迅速提升影响力的过程。

企业的发展规划，还要结合员工的想法，独断的企业家是无法产生震撼效果的。

领导者之所以能成为企业的“核心”，是因为他有坚定的责任感、丰富的经验和果断决定的能力。这些特质，有助于凝聚人心，率领团队朝正确的方向前进。久而久之，领导者的“方向感”也就更强了。

企业的发展是推动社会进步的重要力量，在某个领域中，走在前列的企业家，总是能够带领大众获得更高质量的生活，这是企业家影响力的表现形式。

比如，当我们需要找寻信息的时候，第一时间会想到“百度”，这个改变人们生活方式的搜索引擎，是从一个叫李彦宏的企业家手中诞生的。

创业初期，百度给一些门户网站提供搜索技术服务支持，但只能满足少部分人的搜索需求，李彦宏还有更大的想法：百度必须是为普通大众提供便捷服务的产品。

2001 年，李彦宏提出将百度创建成“独立搜索引擎网站”，只有这样，品牌才能真正为大众服务。

这是一种新的模式，但满怀信心的李彦宏却被其他高层泼了冷水：百度有能力实现这一目标吗？临时改变方向的企业，会出现什么样的后果？

当时，李彦宏的想法很坚定，他不断地与团队其他成员沟通，最终打动了大家。

事后，有人回忆：“在谁都不看好的前提下，李彦宏还能保持这么坚定的态度，我们最终还是被他说服了，虽然当时没有很充分的论据。”

团队有了方向，李彦宏便将全部精力放在提高技术水平上，百度作为独立搜索引擎网站问世后，受到很多人的关注，高效便捷的操作方式，令很多人“爱不释手”。

有了大众的支持，李彦宏更坚定了这个方向：百度目前的性能，远远不能满足大众的需求，它应当覆盖至人们生活的方方面面。

技术员出身的李彦宏，认为科技是推动社会进步的重要因素，既然方向已经定下，接下来要做的，就是不断提升技术。

李彦宏曾说："百度就是为大众提供服务的，但客户的需求，会随着时代的发展而不断进步，我每开发一个新项目，或是完善了原有业务，总会想到还应该做些什么？百度的方向感很强，所以大众才相信我们。"

可见，当领导者知道要把企业带入什么方向的时候，团队才会豁然开朗，不论你的思考方式，还是处事风格，都会影响其他成员，没有谁愿意漫无目的地前进，你让员工看到希望，团队才有活力，与此同时，拥有方向感的领导者，才会令大众有所期待。

这个方向有没有"共赢"的可能？

企业家总是被太多双眼睛关注，在"将企业带往何处去"的问题上，应当充分考虑是否存在"共赢"的可能性。

想要成为有影响力的人，必须清楚你有这些责任：让团队得到发展，让大众感受品牌带来的高质量生活。

一个人无法完成宏大的目标，必须得到他们的支持，凭什么支持你？如果你能让所有人看到"共赢"的希望，你就能影响他们的决定。

当李彦宏提出要创建"独立搜索引擎网站"的时候，也受到过质疑，他凭什么说服了对方？当他将分析数据拿给投资人看，对方的态度才有所转变，纵然李彦宏有坚定的态度，投资人还是会尊重客观事实，他做到了，对方改变决定的可能性也就大了。

等到百度以新面孔问世，大众发现它确实非常方便，这让客户也有了希望，用户越来越多，就是对李彦宏的支持，让他有更多"资源"，才能带领百度这艘大船开往更远的方向。

用实际行动打消"顾虑"

很多领导者苦于没有人支持自己的决定，当你想把企业带入某个方向的时候，就得让其他人安安心心地与你共同完成这件事，但每个人还是有自己的"顾虑"的，而你要做的，就是用实际行动，打消这些"顾虑"。

影响力的形成不能靠一朝一夕，“临时抱佛脚”的态度不可能改变别人的看法，如果你是个不靠谱的领导者，纵然你再有诚意去完成一项工作，也不会有人愿意相信你。

来看看李彦宏在他人心中的形象：谦和、儒雅、踏实肯干、坚定、自信、有毅力……如果你也是个集无数优点于一身的领导者，大家会从你平时表现中，分析你会如何决定企业的方向，一旦你有了答案，员工、大众就可能信任你。

关于领导者将企业带入什么方向，所有人都不能拍着胸脯说：这个方向一定是对的，因为期间可能出现很多意想不到的可能性。

也正因为这样，大家要找寻令自己信服的“佐证”，领导者的一贯处事风格，就成了最好的证明。

如果领导者从来都知道自己要做什么，并且愿意为之付出心血，从而获得了成功，他就更加有吸引力。

企业家、员工、投资人等角色，都是行业体系中不可缺少的部分。但大众往往将目光投向企业的主导者——企业家。

通过不断接触和了解，大家就会确定你是不是成就事业的人，如果是，你对企业的发展有了明确规划，人们自然会支持你。

CHAPTER 6

客观看待影响力才能运筹帷幄

——让影响力维系组织平衡的秘密

情感通常是一个人对另外一个人好恶倾向的真实反映。情感一旦建立，如果维系得好，便会随着时间的累积而愈加浓厚，轻易不会转移。同理，当影响力产生震撼的效果，并达到一种微妙的平衡时，这种力量就会持续有效。相反，破坏了这种平衡，就会让对方产生排斥心理，形成对抗力。

1. 影响力的另一面：没有什么是永恒不变的

没有任何一个东西会保持到永远，随着时间的推移，身边很多因素都在发生变化，影响力也会因此改变，你能做的就是顺应时代的变化并不断完善自我。

领导者想要积累影响力，可能需要一定过程，而等到它真正起作用后，不少领导者会产生一个误区，即认为影响力是永恒不变的。

实际上，没有任何一个东西会保持到永远，随着时间的推移，身边很多因素都在发生变化，影响力也会因此改变，阻止这一切发生的最好办法，便是不断加入积极要素，善于发现问题，并快速做出反应。

作为团队的主导力量，树立威信是提升影响力的重要环节，你说的每一句话，都有可能成为“标语”，但如果没有扎实的知识基础和对实际情况的充分了解，也有可能说出同现状相悖的内容，时间久了，就会有损影响力。

A 是某企业的总经理，在他任职的十年间，企业高速发展、员工流动率很低，他和团队成员的关系也非常好，一位普通职员说：“我进入公司的时候，就觉得 A 是了不起的人，现在依然很崇拜他，且不说他有多少能力，至少他很遵守公司制度，单单这一点，我就很佩服他。”

不少领导者认为自己已经“稳坐江山”，而事实并非如此，想要保持影响力，必须对细节有所重视，如果员工觉得老板有不按时上班的自由，但是你却能够严格要求自己，威信自然能得到提升。

当然，并不是单靠“按时上下班”，领导者就能十年如一日地保持影响力，这只是很微小的部分，更重要的是，你能够以发展的眼光看待管理。不断引进新元素的领导者，才能时刻保持对员工的影响。

李总三年前担任A公司总经理，起初，员工对这位高学历、有海外工作经历的老总充满了期待，他也进行了两次“改革”，着实让员工很佩服。

等到工作渐渐步入正轨，李总发现员工似乎没有了原先的热情，与自己刚接任工作时相比，他的影响力减弱了。

李总纳闷：公司目前处于稳定发展时期，我总不能天天搞“改革”吧。

有类似困惑的领导者不在少数，殊不知，影响力本身就会随着很多因素的改变而发生变化，唯有巧妙地维系它，才有可能保持“平衡状态”。

影响力的改变可能需要一定时间，如果你可以及时发现员工的心态转变，就为扭转形势赢得了时间，我经常说：“作为领导者，你应当有心理准备，影响力一定会发生改变。”

有些人记住了这句话，当发现情况有所改变时，反倒处事不惊了，而那些不以为然的人，则在面临危机感的时候，显得不知所措，两者相对比，后者更容易产生负面的情绪，更加有损影响力。

有了心理准备，你就可以保持镇定，这是“挽救”影响力的途径之一，接下来，你要找到“丢失”影响力的原因，才能找到弥补方法。

关注内部：员工和自己变了吗？

领导者想要影响员工，却常常忽略他们的改变，不同阶段的他们，无论心态还是能力水平，都有可能与之前不一样，如果你还以之前的方式对待他们，影响力的效应就会大大降低。

此外，领导者自己也在改变，随着工作的进行，你可能会觉得一切都和自己原先想的有区别，或是缺少了之前的认真等。

先弄清楚团队内部存在哪些变化，再根据不同情况，制定适宜的改善措施。

不少员工在领导者提供的平台上不断进步，随着能力的提升，你之前的威信力可能会发生动摇，或是需要更大的激励，如果你可以及时调整领导方式，让员工有更多空间和权力，并不断提升自我价值，继续成为员工的“表率”，情况就会改善很多。

说到领导者本身，不得不提起一种现象：很多人是“技术出身”，并且来自基层，凭借过硬的业务能力晋升到了管理层。起初，他们没有“丢掉”专业技能，随着时间的推移，他们把更多时间放在管理工作上，自己却被“架空”了。

所以说，哪怕你是企业的最高领导者，都不能放弃自己原先的“看家本领”，否则很难适应不断发展的团队状况，领导者必须有实实在在的基础，说话、做事才能有底气。

领导者需要常“充电”，即便你很少参与完成具体的工作，也要对此方面的知识更新有所了解，至少让员工知道：你在此方面，仍然是“权威”，这对维持影响力有很大帮助。

长期处于管理岗位的人，心态可能会发生改变，切忌摆架子，应当时刻保持谦和的态度，你越低调，员工越信服你，正因为权力会使人膨胀，所以能够长久维持“低姿态”的领导者，会受到员工的好评。

关注外部：外面的发展是什么样?

除了关注企业内部变化之外，领导者还需要关注外部环境的改变。行业处于不断发展中，如果不及时了解讯息，领导者便 OUT 了。明显跟不上员工的“节奏”，影响力还能继续保持吗?

答案是否定的。

如今，涌现了不少管理培训机构，他们致力于提升领导者的管理水平，因此不断找寻维持影响力的方法，这种机构很受管理人员欢迎。如果其他领导者都在进步，而你还原地不动，影响力肯定会受损。因此，管理者可以多参加此类培训，讲师会根据最新行业信息，制定最适宜的管理办法，对于员工来说，新颖的管理方式，同样能够吸引他们的注意力。

假如你觉得目前情况稳定，说明你还没有意识到“改变”的来临。管理工作中，没有什么是一成不变的，作为团队的核心人物，你要时刻准备好迎接改变，但是你不能只是静观改变，而是需要做些什么来维持影响力。

2. 换一种眼光，换一种思维

所有事物都存在多面性，如果领导者只盯着其中一方面，思考就无法进行下去，最终将团队带入“死胡同”，这样一来，影响力便大打折扣。

很多领导者发现，随着时间的推移，自身影响力不断下降，如何保持影响力？需要用变化的眼光看待管理，长时间处于比较稳定的环境中，人们的思维会被“固定”住，领导者亦如此，这样就会令团队陷入“僵化”，员工觉得自己每天做着重复工作，既枯燥乏味，也看不到效益，这样下去，领导者的影响力就不如从前了。

如果在目标既定的情况下，领导者可以换一种眼光，换一种思维，第一时间发现“漏洞”和创新点，能让员工感受到自己是被带领的，团队也在朝更有希望的领地迈进，因而愿意“跟着”领导，当然，这也是领导者体现个人魅力的方式。

所有事物都存在多面性，如果领导者只盯着其中一方面，思考就无法进行下去，最终将团队带入“死胡同”，这样一来，影响力便大打折扣。古人云：横看成岭侧成峰，远近高低各不同。你所站的角度和立场，决定了你的主观想法，作为团队的领头人，你必须设身处地为员工着想，当你站在不同角度和高度的时候，你所看到的情形就会出现区别，出现在你面前的事物，并不都是美好的，你反而会看到许多问题，及时发现并妥善处理问题，是优秀领导者的特质，你做到这一点，影响力自然能得到提升。

说到这里，我想介绍一位青年企业家，他就是海底捞的董事长——张勇。

这个团队像一个大家庭，张勇不需要每天开早会，也不需要一遍遍地叮嘱员工："顾客是我们的上帝。"员工会自觉尽自己最大能力，为顾客提供最优秀的服务，他们似乎不像普通的打工者，每一项工作都精益求精，好似自己就是"主人"，员工真正把海底捞当作"家"，张勇的经营理念，已经深深影响他们。

管理员工的时候，张勇没有死死盯住员工的"能力"，而是通过提供优质的生活环境和适当给予员工权利，从而激发他们的积极性，最终挖掘出他们的潜力。

这个过程中，张勇的心态对员工起到积极作用，他善于换一种眼光看待管理，从不同角度解读员工的想法，不断完善员工的后勤保障，令他们没有后顾之忧地为顾客服务，减少了与员工的"摩擦"，而自己的温情也在不断影响员工，这种温情最终被员工带到工作中。

换一种眼光和思维，会打开处理事务的局面，也更容易发现管理上的不足，如果张勇一味督促员工"将顾客看成上帝"，而没有帮助他们解决生活和工作中的实际困难，这个团队也不会有今天的成就。

解决问题的办法有很多，当常规方法不能取得更好收效的时候，不妨从其他角度出发，往往会有意想不到的收获。

不少领导者批评员工"太懒惰"，殊不知自己同样缺乏创新意识，如果团队长期处于"稳定模式"，员工会觉得领导者"形同虚设"，这时候，你的影响力已经微乎其微。

实际上，影响力和威信同时存在，员工信任你，就愿意听从你的指挥，甚至不需要你一一说明，他们也会在潜移默化中，努力做到与你“同步”。

敢想，敢做，领导者需要勇气

领导者是团队的核心，如果你缺乏创新精神，凡事畏首畏尾，如何去影响员工呢？不少领导者并不缺乏创新意识，也有足够的专业知识，却缺少“改变”的勇气。

当领导者率先说出自己的不同想法，等于告诉员工，这里是自由发言的平台，在你的影响下，更容易激发他们的创新思维，团队气氛就会活跃起来，这一切都来自于你的积极引导。

换一种眼光和思维，可能只是瞬间的事情，这需要勇气作铺垫，领导者积蓄这种力量的过程，会被员工看在眼里，这本身就是积极的影响。

打破传统思维定式的过程中，要及时弥补“漏洞”。

当领导者愿意打破传统思维定式，就会发现很多之前没有意识到的问题。朴根熙在担任三星中国掌门人之初，想要将三星定位为对中国有贡献的企业，改变之前“生产基地”的形象。这一创新理念，激发了员工的共鸣。

但是，在实施这个理念的过程中，朴根熙发现现有的组织架构和工作流程无法支持新理念，既然发现了问题，就要及时解决。于是，他先花了3个月时间全面了解三星在中国的现状，然后整合人力资源，使之能够适应企业新定位。

在这个过程中，朴根熙的创新理念传递给了每一位员工，不论是工作流程的变化，还是岗位调动，员工都能从点点滴滴的改变中意识到朴根熙想要改革的态度，他的每一项工作都非常彻底，几乎与所有员工息息相关，此时，他的影响力正在悄悄发生“作用”。

在固定的思维模式里，员工渐渐感觉不到你的存在，当某个模式“步入正轨”，领导者会慢慢放下对细节的观察和管理，这时候，级别较低的员工很难感受你的影响力，随着时间的推移，甚至中高层职员也会逐渐“遗忘”领导者的影响力。

改变这一状况的最直接办法，就是不断给团队注入新力量，当领导者学会用不一样的眼光看待事物，用另一种思维解决问题时，势必会引起团队内部较大幅度的变革，让员工感受到你的影响力。

值得一提的是，领导者不要害怕在此过程中发现纰漏，反而要“庆幸”，在此之前，漏洞一直存在，只是没有被挖掘出来，领导者弥补漏洞的过程，同样会被员工看在眼里，这也决定你的影响力。所以说，当你觉得某个部分“不对劲”时，需要及时提出来，切忌藏着掖着，要将所有精力放在寻找解决办法上，这种积极的态度和良好的习惯会深深影响员工，而领导者“敢于发现问题，及时解决问题”的形象，也会印刻在员工心里，从而持续对他们产生影响。

换一种眼光，换一种思维，需要领导者有足够的冲劲和耐心，前者是为了改变做准备，后者是为了解决实际问题，当你具备这两种优秀的品质时，就会形成一股新的影响力，员工是能感受到的。

3. “大国企”领导者更像是国家“代理人”

一个廉洁自律的国企领导者，很容易获得员工的信任，只要你加强自我监督，就会提高威信力。

说到国有企业的领导者，很多人会想到他们身穿工作服、手背在身后的样子，很像国家领导人。在实际工作中，“大国企”的领导者形象，与国家“代理人”如出一辙。

对于你来说，得民心是非常重要的，一个廉洁自律的国企领导者，更容易获得员工的信任，需要你加强自我监督，才能提高威信力。

国有企业与民营企业最大的区别在于，两者的财富归属权不一样，身为国企领导者，不仅要公正、清廉，还肩负着保护共有财产的职责，所以更加受到大众的关注。

国家“代理人”要带领国家进入发展阶段，比如，制定积极的政策、帮助民众就业、打造适合企业发展的平台等，国企领导者同样需要引领员工进步。与民营企业的员工相比，国企员工更具备责任意识，领导者的能力，直接关系整个企业的兴衰，而自己所在企业，同样是国家的经济命脉，员工尚有这样的意识，领导者更不能少。

对于国企领导者来说，保持公平公正的态度，是树立威信的重要环节，如果你有偏见，或是为了少数人的利益而对众人的利益置之不理，就会遭到很多人的唾弃，更不要提影响力了。

不少国企领导者本身就有一种优越感，如果不能将此转化为责任感，便很容易形成“唯我独大”的心态。对于一个国家，领导人所处的位置比任何人都重要，而在他们心里，却将自己当成“公仆”；同样，国企领导者的地位，是社会赋予的，如果不能好好把握，就过不了民众“这一关”。所以说，你应当秉承虚怀若谷的处事原则，从点滴中积累影响力。

老张是某国有企业的总经理，他调入企业前，员工就对他有所耳闻，因外界对他的评价一直很高，所以员工们非常期待。

他上任的第二天，就召开了全体员工大会，大家才算认识了他。这个沉稳、干练的中年人，做了简短的发言：“在进行工作交接的时候，上一任经理说，他的员工都很优秀，这让我很欣慰，昨天看了你们的工作表现，我更相信这个企业有希望，对于你们来说，我是个新人，日后还请多多指教。”

短短几句话，拉近了他与员工的距离，随着接触时间增多，员工越来越佩服这个领导者，他为人谦和，做事非常认真。

老张的管理中，总是将亲和力与严格要求区分开，他一旦发现某位员工不遵守企业制度，或是工作不认真，肯定要批评；每次开会，他都鼓励员工积极发言，团队气氛活跃了很多；有时候，他遇到不明白的事情，马上向身边人提问，有人劝说：“老张，这旁边还有刚进厂的实习生呢。”他从来不在意这些：“不明白就得马上问，问题才能很快解决。”

与其他人的区别是，国企领导者更容易被“曝光”，大家通过观察你如何处理工作中的问题，决定是否“跟随”，而国有企业通常规模较大，想要自身影响力能覆盖至所有人，确实不容易，所以，对领导者的要求就更高。

不少国企领导者感到迷茫：我应当保持什么样的形象？哪些方面的素养需要加强？

既然说国企领导者与国家“代理人”有密切联系，那么不妨从他们的身上，找到提升影响力的方法。

硬件：专业知识、技能、经验

每当媒体公布国家领导人简历的时候，很多人首先关注他的学历、工作背景，甚至想要了解他的专业。

在人们的潜意识中，具备专业知识和技能的领导者，自身素质会比较高，当然，他的工作经历也非常重要，这可以了解他的能力。

国企领导者显然要担负重任，员工肯定会对其“硬件装备”有所关注，值得一提的是，“硬件”并不单指领导者的学历，在工作之余不断“充电”也是很重要的。

哪怕你是这个企业中职位最高的人，都不能忽略自身素质的提升，当你保持“学习者”姿态的时候，员工才会觉得企业有希望，因而对你更加信服。此外，国企领导者更应当成为表率，鼓励员工不断学习，当你致力于传递“积极能量”的时候，影响力才会得到提升。

不论是国家“代理人”还是国企领导者，很多人都是“技术岗位”出身，既有理论基础，又具备技能。一位在某国企当经理的朋友，有一次他在车间带领技术员研发新产品，有一个步骤总是过不去，他便亲自上阵操作，这个步骤确实非常难，他整整在车间泡了 3 天，终于完成了这一关。在公司，员工对他佩服得不得了，被他亲自带出来的工程师，还常常叫他师傅，在介绍他的时候，总是说：“我师傅的技术很厉害，当年这个区里，没有人能超过他。”

很多国企领导者在从事管理工作后，慢慢放松了自己对技术的要求，在这期间，很多员工在技术方面有很大进步，就容易出现“不买账”的情况，这样领导者的影响力就打了折扣。

能够成为国企领导者和国家领导人，都是经过层层筛选的，他们几乎都拥有丰富的从业经验，这也是树立威信的“硬件”之一。

有工作经验的人很多，但不是所有人都能总结经验，正因为领导者的权威性与影响力有密切关系，所以能够说出“权威语言”的领导者，更容易令员工信服。如何做到这一点？要靠经验的积累，每完成一项任务，都需要总结得失。

软件：态度、品质、习惯

除了硬件，领导者的“软件条件”同样值得员工关注，不断发展中的企业，肯定会遇到障碍，甚至它们看起来不可逾越，如果你“乱了阵脚”，那团队更不知道该如何了。

有影响力的领导者，要具备处变不惊的气魄，你要成为其他人的“依靠”。

2008 年，四川省遭遇了破坏性地震，温总理立刻赶往前线，媒体正在报道的时候，突然余震袭来，所有人惊呼，并快速找到能够倚着的东西，但温总理和身后的工作人员，依旧保持原来的姿势站在原地……

面对困难，领导者能否稳住大众，关键在于自己的姿态，如果你的态度很坚定，无形中就将积极的暗示传递给别人：有我在，你们就很安全。

员工常说：“看看领导的态度。”可见，你的态度对员工有很大影响，工作中，你可能会因为某些事情而暂时情绪低落，但应当及时调整，把更多精力放在如何改善现状上，而不要为已经过去或是没有发生的事情担忧，领导者应当能够给予员工“安全感”，从情绪上影响他们。

优秀的品质同样是领导者提升影响力的要素，会在细节中有所体现。我们常会从小事中，分析国家领导人的性格；员工也会从细节中，挖掘你的品质。

如果你是真诚、善良、勇敢、果断、公正的人，员工更容易被你吸引，因为你本身就很有魅力。你将这些优点带入工作中，会逐渐改变员工的心态和性格。

此外，领导者还应具备良好的习惯，并影响身边的人。

通常情况下，我们能从别人的习惯中看出他的性格和工作方式，比如，一个坚持当天完成工作的领导，效率必然很高，他会比别人更容易获得资源和机会，而长期与他共事的人，也会养成这样的习惯。影响力在潜移默化中改善了现状。

国企领导者与国家“代理人”之间存在很多相似之处，最重要的是通过树立良好的形象改变别人的看法，最终影响他们。做到这一点需要经过长期积累，能够保持廉洁、公正、果敢、干练的领导者，才能形成强大的影响力。

4. 影响力再大亦有限，关键看级别

不论是处于企业中哪个级别，想要积累影响力，必须从小事入手，不仅让自己保持较低的姿态，也让员工觉得你很务实。

当领导者在寻找提升影响力方法的时候，不得不面对一个残酷的问题：影响力再大，也会受到级别的限制。

有人曾问："我只是个部门主管，权力有限，是不是影响力发挥的空间也有限?"

我的回答是："肯定的。"

领导者的权力小，发挥的空间也小，但尽管如此，你仍然可以设计适宜的管理办法，在有限的空间里，将影响力发挥到极致。

但是，你首先要认清客观状况，级别越低的领导者，越能充分了解员工的性格特征，他们身上的缺点也更容易暴露。

如果你只管理一个部门，要多和他们沟通，除了聊聊工作中的具体事情之外，还可以聊聊生活琐事，这种"拉家常"式的交流，会让员工觉得你和他们是站在一起的，你的想法也更容易影响他们。

如果你是中层管理者，可以适当放权给基层管理者，表示你很信任他们，同时也要做好监督工作，比如，按时递交工作进程表、随时发邮件汇

报工作等，你要注意把握好“度”，这会给员工既安全又信任的感觉。

如果你是企业高层管理者，肯定不会凡事亲力亲为，但又不能将与员工的距离拉得太远，所以，即便你再忙，都要抽出时间了解员工的情况，可以通过例会的方式，鼓励员工说出工作中的心得与困难。此外，我建议高层管理者定期组织员工培训，通过这样的方式，把自己的理念传递下去，从而起到影响员工的作用。

可见，不同级别的领导者要使用不一样的影响方式，同时根据员工在不同阶段的变化，给予相应帮助。

当然，很多基层领导者希望自身影响力能够蔓延至管辖范围外，这是很好的愿景，并能将此列为你的“任务”，没有人能决定其他人是否能够理会，虽然如此，你还是要管理好本职工作，或许在不经意间，你就改变了管辖范围外的人。

小李是某公司的部门主管，刚上任不久的他，对以后的工作有很多憧憬，他想借此整顿和完善部门工作，由此推动公司的发展。

经过认真研究和分析，小李召集员工开会，表达了自己的想法：“我原先就在本部门工作，对流程非常熟悉，新来的员工可以直接问我，我有时候会不在公司，如果大家遇到分歧，可以自行召开会议，一定要及时沟通。”

员工觉得这个方法很好，便很快运用到工作中，减少了由问题升级成矛盾的概率，小李也总结出“无障碍沟通”的重要性，他认为也可以被其他部门采纳。

有一次，总经理到外地出差，各部门为了某件事情相持不下，按照一贯做法，当各部门有意见分歧的时候，向总经理申请召开会议，所有员工都应当参加。如果总经理不在，可以申请网络会议或是电话会议，当这些都无法实现时，员工就应当等经理回来后解决。

小李想到了在部门内部开展的“无障碍沟通”项目，他觉得这正是被推广的好时机，又能及时解决问题，于是说出了自己的想法。

令他意想不到的是，没有一位主管同意他的想法，生产主管还说：“你又不是总经理，有什么权利让所有工人都停下手中的活儿，机器重新启动一次就磨损一次，难道你也负责？”

小李很纳闷，自己明明出于好意，并且这件事情本身对公司有利，为什么没有人支持呢？

如果小李是总经理，只要简单提议后，就会有人响应，但被他倡议的对象，是平级的部门主管，两个级别相同的人，肯定谁也不服谁。

可见，级别越高的人影响力越大，面对这样的情况，你不妨先维持好“小范围”中的震撼效果，如果遇到合适的机会，再扩大自身影响范围。

很多领导者渴望在更多人中树立威信，保持其一贯的影响力，但客观现实不断发生变化，导致很多人的信心受到冲击，其实，当你将每一件小事做好的时候，影响力会随之慢慢渗透，逐渐接近你想要的状态。

影响力从点滴中积累

不论是处于企业中哪个级别，想要积累影响力，必须从小事入手，要让自己保持较低的姿态，也让员工觉得你很务实。

虽然领导者都希望能接触“大事件”，但真正见功力的却是在工作细节中，影响身边的人本就是在潜移默化中完成的。

我遇到过不少“着急”的领导者，他们很苦恼：“怎么样才能扩大影响力？我需要更多的人了解我。”

着急并不能解决问题，就像小李那样，以为自己抓住了机会，结果却碰了一鼻子灰，原因便在于他并没有完善细节工作。

很多领导者会犯和小李一样的错误，当自身影响力在“小范围”内稍显成效时，就想马上去影响更多人，大部分情况下都不会有好收效，因为此时你的影响力还不够成熟，也没有考虑到其中可能会出现的问题，所以要求你把握好细节。

再来回顾小李的案例，部门员工在他的影响下，独立完成了一次“无障碍沟通”，这次很幸运，没有发生太大问题，假如这次会议令员工的分歧更大，该怎么办呢？小李显然没有想到这个问题。

所以说，领导者想要维持影响力，需要充分考虑工作中可能发生的情况，即便遇到问题，也能及时作出调整。随着时间的推移，你的管理经验不断增加，在你所管辖的范围内能够保持各方力量平衡，你的影响力才能持续发挥作用。

一旦这种平衡状态被外界知晓，可能会被其他管理者效仿，虽然这并不完全代表你的影响力在慢慢扩大，但至少能证明，你善于做好细节。

“扩大影响力”是在不经意间发生的

不同级别的领导者，影响力也呈现“金字塔”式区别，高层管理者的影响力能够辐射至全体，而基层管理者只能在管辖的范围内起作用。

但这不代表基层组织要被动地适应高层管理。采取积极主动的态度，情况就有可能发生改变，甚至能做到“扩大影响力”。

工作中常会遇到分歧，你不仅要鼓励部门员工之间及时沟通，还得多与其他部门的员工交流，这个过程中，你的管理风格会逐渐传播出去，为影响他人打下基础。

领导者所处的位置不同，所采取的处事风格也不同，你想要影响其他人，受到很多因素制约，不论在什么时候，你都要先处理好本部门的工作，正因为企业的日常工作离不开统一流程，当你的风格被其他领导者了解或是已经取得了成绩，都有可能成为他人学习借鉴的“范例”，即使他们不会完全套用你的风格，但从另一个角度说，你已经给予其他人提示。

在级别等因素的限制下，影响力不可能无限扩大，基于这样的客观事实，要求领导者用平和的心态面对管理工作中的一切事务，与其为无法“扩大影响力”苦恼，不如先做好眼前的工作，对于员工来说，你的这种心态，本身就值得学习。

5. 组织平衡能力定成败

组织平衡能力是领导者既能满足组织对员工个人的诱因，又能保持员工对组织的贡献大于或等于诱因。

什么是组织平衡能力？

通俗地讲，组织平衡能力是领导者既能满足组织对员工个人的诱因，又能保持员工对组织的贡献大于或等于诱因。

在这根杠杆上，领导者必须保持两边的平衡，对于你来说，只有在这种平衡状态下，影响力才能持续起作用，并且能够得到提升。

做好平衡组织工作的前提是，领导者在员工中建立信任、威信，同时也要帮助他们明确目标。

既然要形成密切的团队协作机制，所有人都必须将自己看成是团队中的一员，尤其是领导者，这样一来，员工会更愿意接受你的安排。

组织平衡的目的，是充分调动员工的积极性，你越公正，他们越愿意为此付出努力，组织才能有收获，同时产生更多资源，为下一次组织平衡工作做储备，领导者手中的资源越多，员工的积极性更强，影响力也就持续有效。

老王是某大型企业的销售经理，在他任期内，团队竞争力获得了很大提升，他的威信也增强了，起初不服他管理的员工，态度也变得积极了。

公司每个月会拨给销售部一笔经费，经理只要写清楚用途即可，但是上一任经理只是将它用于部门内聚会，作为对员工的奖励，如果某月销售业绩不佳，会向企业申请暂停拨发。

等到老王当了经理，他觉得这笔钱大有用途，于是在部门内制定了“额外奖惩办法”，如果有人达到要求，就会直接把钱奖励给他，至于是否要组织聚会，全由员工自己拿主意。

这个想法得到部门员工的好评，一时间大家都在为提升业绩做准备，老王在欣慰之余，着手制定具体方案。他想到以下几点：

第一，额外奖励必须秉承公平原则，不受员工的资历与年限的限制，谁完成的任务多，谁就能获得奖励。

第二，维持员工之前的良性竞争，如果发现有人用恶劣的手段，必须退出这项活动。

第三，不仅要奖励最优秀的员工，还应当奖励进步最大的员工，以激励他们成长。

对于制度的设计，员工认为很合理。等到真正实施时，员工对奖励结果也没有异议，在老王的影响下，部门业绩不断提高，同时保持了员工之间的有益竞争，难能可贵的是，员工开始规划自己的业务能力，这一切都源于老王的影响。

组织平衡工作应当涉及每一位员工，通过帮助他们完善职业素养和提升业务水平，最终影响员工的心态。

当团队内部保持平衡的状态，领导者的影响力就在持续发挥作用，但要时刻关注各要素的变化情况与联系程度，不妨从以下三方面着手：

组织内部平衡

这里着重要说组织与个人之间如何保持平衡。首先，领导者给予员工的“诱因”要和他们的“贡献”保持平衡，在后者大于或是等于前者的基础上，才能保证这项工作顺利完成。其次，员工是否愿意为团队效力，取决于“诱因”同“贡献”之间的具体比例。最后，组织是否有提供既定“诱因”的能力，以维持内部平衡。

在此之前，领导者需要充分了解员工的需求，尤其重视他们的潜在需求，缺少了这一步，领导者的诚意在员工眼中就打了折扣。

对于员工的需求，并不是他提出的要求都要满足，以免破坏组织内部平衡，而是换一种方式满足，目的是激发他的内在动力。

不妨学习老王的经验，不但能让员工看到希望，还能鼓励他们提升培养自我意识，用积极的态度影响员工；同时，老王也找到了令团队稳中进步的方法：让员工关注自己的成长，这比业绩暂时领先更重要。

组织与环境的平衡

组织是环境的组成元素，通常情况下，要求组织去适应环境，正因为组织在环境中所占比例非常小，所以很多领导者会感觉到吃力，组织如果无法适应，就会有损其影响力。

既然客观现状无法改变，不妨用积极的态度，令组织主动去适应环境，如果双方能得到平衡，组织还会对环境产生影响。

比如，你是企业某部门的主管，这个团队必须去适应企业的制度和流程，在这个过程中，可能会与其他部门产生冲突，此时，你需要鼓励员工去沟通，引导他们学会在交流中吸取经验。

领导者不主动提出异议，员工也不会“冒头”，但应当在恰当的时候，表达出部门的观点，这同样能够影响员工；该做事的时候，就埋头苦干，等到机会来临，就牢牢把握住，通过崭露头角来改变部门的环境。

组织动态平衡

组织内外部的情况会不断发生变化，所以要做好平衡随时被打破的准备，这要求领导者要用动态的眼光看到问题。没有什么事情永远保持原状，应当对破坏平衡的要素产生“免疫力”，将平衡被破坏后的伤害降低至最小，或是主动察觉出平衡即将被打破，因而提前建立好“新平衡”。

老王建立的“额外奖励制度”，可能在一段时间内会起到很好的效果，但并不代表它能够持续下去，如果有一天，公司取消了这笔销售经费，老王需要及时作出决策，用一种新的奖励方式代替它，才能维持个人影响力。

组织平衡能力强的领导者，会将员工“控制”在一个良性循环的空间内，这样，影响力能够不断发挥作用。值得注意的是，这个循环随时会发生变化，必须用变化的眼光看待，及时找到“新平衡”。

6. 影响力取得平衡的两个因素：机遇和资源

资源是管理的资本，机遇是让影响力发挥作用的渠道。

在维持影响力平衡的过程中，会受到某些因素的制约，其中“机遇”和“资源”最受关注。领导者需要及时把握机遇，然后将资源合理地分配给员工。

首先，想要处理好团队与员工的关系，必须先设计分配原则，此时，领导者要保持公平公正的态度，并且让原则“上纲上线”，如果你可以严格遵守，员工也会在你的影响下建立良好的心态。

其次，领导者要带领员工去“环境”中寻找资源和机会。团队内部资源有限，领导者必须“带头”冲向外面，有了你的激励，员工也会产生一往无前的勇气，在这种积极力量的影响下，员工为自己寻找机会，团队内部的资源也就越来越多。

此外，当团队资源积累到一定程度的时候，领导者应当让员工分享“奋斗的成果”，拿出多少呢？你的心里要有掂量，毕竟不能全部被“瓜分”，剩下的资源将变成“集体财富”，有了这些，领导者的工作才更加有底气，有助于影响力得到发挥。

在创业初期，很多团队几乎没有资源，机遇也很少，这时候，可以用开膀子干，等到资源有所积累的时候，就要想着维持各方力量的平衡，这就是“守业比创业更难”的原因。

对于优秀的员工，你应当多提供资源，空间越大，产生的效益就越多；对于有潜力的员工，领导者应该把重点放在“培养”上，适当给予他们机会，让他们在锻炼中成长。

你的这些管理模式，都会影响他们的心态，当员工觉得自己是被认可的，他们才愿意多为团队做贡献。

雷总是一家上市公司的总经理，很多人总是亲切地称呼他为“老雷”，原因在于员工都觉得他是“最好说话的老板”。

雷总非常看重人才，尤其是员工的创新意识，他常说：“你能给公司惊喜，公司也会给你惊喜。”

他认为，应该多给年轻人机会，没有平台，再优秀的人都不会成为明星。每到招聘工作的最后一轮，雷总都要亲自参加，他要选择有潜力的优秀员工。

每个月，雷总会批复一笔资金给各部门，要求对工作能力突出的人予以奖励，前提是他要提交一份报告，内容为这段时间的进步情况。

很多员工想要在业余时间“充电”，却不知道选择怎样的方式。为此，雷总专门聘请讲师来企业授课，员工全部免费参加，不能参加的员工可以领取一张课程光盘，这笔资金也是由公司解决。

该公司的业务范围很广，雷总希望员工接触不同种类的业务，每次都会分派不同的人跟随部门管理者一起工作，让很多员工见识了商场的“厮杀”，本来只有管理者才能接触的内容，基层员工也有机会接触到，这改变了员工心态。

如果管理岗位有空缺，雷总首先想到的是在企业内部选择适合的人，而那些经过竞聘上岗的管理者，同样愿意培养他的下属。在这种管理模式下，员工很容易看到希望，雷总的影响力也会持续传递下去。

可见，当领导者能够合理分配资源和机遇的时候，员工的心态也会趋于稳定，这是保证影响力持续有效的关键，领导者要将有限的资源分配给谁？

积累团队内部资源是首要步骤

想要保持团队内部、外部力量的平衡，应当尽可能多地积累内部资源，这对于基层、中层管理人员来说，是很重要的，是“组织”能否在“环境”中生存的关键，缺少了资源，一切活动都无法展开。

领导者想要加大影响力，必须有“底气”，而那些能够被把握的资源就是构成“底气”的重要元素。

没有谁会在工作还没开始前，就先将机会和资源分配给员工，但是领导者要有承诺、鼓励和担当，如果员工完成了工作，你就应该将他应得的资源或是机遇给他，这是一个领导者应有的魄力，你敢承诺、能够兑现，员工就会为此作出贡献，而这些也将成为团队内部积累资源的主要来源。

机遇是争取来的

组织内部的机遇是有限的，因为架构过小的缘故，想要保持力量的平衡，领导者必须带领员工去寻找更多机会，只有“冲出去”，你的影响力才能进一步提升。

机遇不会轻易掉在你身边，都是争取来的。

在争取机会之前，先看看团队都具备哪些优势和资源，这是非常必要的，有些人说：“为什么不去找个大机会？”如果你有实力，并且做好一切准备了，确实可以找寻较大的机会，但是很多组织是在一边积累一边寻找的过程中慢慢成长的，领导者确实需要勇气和魄力，但是不能太盲目，如果总是失败，则会损害领导者的影响力，可以用主要精力去寻找与团队能力相当的机会，同时不放弃锻炼团队的较大机会，当领导者能做好“两手抓”的时候，就能做到对团队成员负责：第一，团队需要生存，必须找到机会去完成这件事；第二，团队需要发展，必须有锻炼自己的机会。两者缺一不可。

保持“动态平衡”需要从宏观、微观两方面入手

考验领导者组织平衡能力，还需要从宏观、微观两个方面入手，保持组织在环境中的动态平衡。

市场环境和行业状态不断发生变化，组织外的情况也随时会改变，保持动态平衡的目的，是为了让团队拥有抗压能力，即便团队外部发生变化，它也能快速反应，最终实现“相对平衡”状态，这对员工和大众来说，都是很有意义的。

领导者想要保持影响力，必须将团队维持在相对稳定、安全的情况下，才有能力和时间去寻找机遇、积累资源，从宏观管理的角度说，想要建立“动态平衡”必须保持固定的模式和有效机制。比如，应当在团队中建立完善的制度、流程、应急措施等，这不仅能够保证日常工作顺利开展，还可以防止突发事件的产生，从而令员工有安全感。

从微观调控的角度说，保持“动态平衡”需要关注所有员工的心态、情绪、能力等要素的变化。每个员工都是有优势的，当领导者将他们的优势激发出来，团队整体实力就会增强，此时，团队内部的资源不断增加，团队的抗压能力同时上升，就有更多能力去寻找机会了。

组成团队最重要的资源是人，领导者既要规范员工的行为，又要充分激发他们的主观能动性，所以离不开宏观管理和微观调节：在这个过程中，机会和资源始终在“环境”和“组织”之间徘徊。

很多领导者只关注从外界获得资源和机会，其实忽略了一个重要的环节：将“组织”内的机会给予“组织”外的人，再由他来创造更多资源。

团队会随着内部资源的积累慢慢扩大，组织架构也慢慢出现变化，团

队内很有可能会出现新的机会，除了在内部进行选择外，领导者还可以从团队外部选择，谁有能力，就可以来挑战这次机会，此时，领导者一定要表现出公平、公正的态度，这样才能令员工信服。

了解了影响组织平衡的两大要素后，领导者应当明白，合理安排员工，知人善任，才能激发出他们的积极性和潜力，从而令团队获得更多资源。除此之外，还需要常常鼓励员工，给予他们更多锻炼机会，只有这样，员工才会不断成长。另外，领导者还要带领团队寻找更多生存机会，而这一切，都将增加领导者在员工心目中的地位，影响力也可以保持下去。

7. 带领企业在机遇的海洋弄潮

要想在机遇的海洋里弄潮，除了要有胆略外，还需要智谋。

领导者能够为企业创造更多机遇的时候，在员工眼中他就是“大功臣”，影响力自然不用多说。不要认为机会“可遇不可求”，完全抱着侥幸心理的人，是无法令影响力持续的，在机遇的海洋里，谁能带领企业勇敢地弄潮，谁就能收获机会。

领导者去寻找机遇，对员工来说，本就是一种督促，他们会产生“危机感”——需要做好迎接机遇的准备。这种积极的影响，会令团队处于奋进的氛围中，只要领导者不断找寻机会，影响力就不会消失。

你在为企业找寻机会的同时，员工也在为自己找寻机会，两者并不冲突，你的行为会深深影响员工，让他们体会机遇的珍贵，同时对你的崇敬程度也会有所提高。

想要在机遇的海洋里弄潮，除了要有胆略外，还需要智谋。

每个企业都需要施展才能的机会，当领导者带领员工去寻找机会的时候，他需要保持敏锐的洞察力和一往无前的勇气。作为一种稀有“资源”，机会离不开领导者的挖掘，很多企业家之所以能够保持影响力，关键在于他似乎有一种特殊的“嗅觉”，能够知道哪里有机会，有人说：“那些企业家的运气太好了，去参加某个会议，就能带回一个合作伙伴。”机会的寻找，哪里有这么容易？并不是因为企业家参与了某次会议，同“机会”相遇，而是他经过很长时间的观察和分析，察觉到这次会议对企业来说，可能是一次机会，他才抓住了。

企业需要这样的领导者，需要在机遇海洋里勇敢弄潮的人。机遇是企业不断发展的基础，没有哪一个企业不希望做大做强，如果死守着过去的成绩，早晚有一天会被淘汰，那时候，领导者的影响力还会存在吗？

努力寻找机遇的领导者，肯定具有事业心，在这样的领导手下做事，员工能够得到激励，将其当成榜样，成为自己的精神支柱，因此，领导者就能在员工心里占据一定位置。此外，积极寻找机会的领导者，会将企业和员工放在心上，这样才能建立起广阔的平台，在员工看来，这是很令人感动的。

老夏是一家汽车零部件公司的老总。企业创立十年，从一个只有十来人的“小作坊”，发展成中型规模的企业，员工也上升至几百人，而不管情况如何变化，原先在这里上班的那十个人，现在依旧在公司上班，朋友说：“老夏留得住人，除非有特殊情况，不然很少有人离职。”

由此可见，老夏的影响力很大。

这一切都得益于他带领企业不断寻找机会，企业才有了发展空间。起初，老夏买了五台机器，租用了一个废旧仓库，请来工人加工汽车零部件，尽管创业的条件很艰苦，但是老夏的目标远不是如此，他想成立一个公司，让更多人了解他的品牌。

“小作坊”的订单不少，很多顾客都上门来找老夏，在保证每笔订单能按时交货的基础上，老夏决定出去寻找机会，这是谋求更好发展的关键。

经过一段时间的努力，老夏签了一笔长期合作的订单，“小作坊”的规模跟不上了，他贷款购买了五台新机器，又聘请了几名工人，才能按时完成订单。

后来，老夏成立了公司，他一直在寻找机会，企业的规模也越来越大。有一次，一名刚毕业的大学生来公司应聘，但是他应聘的岗位，老夏的企业并没有——技术员！原来，这名大学生找错了要应聘企业的地点，误打误撞地来到这里，他正准备走，老夏急忙留住他："企业需要你这样的人才。"

就这样，老夏的公司设立了技术部，他不单单要制造，更要创造属于自己的产品。他又招募了几个技术员，并且配备了专业设备，很快，技术部就将一个新产品摆在老夏面前，虽然是个样品，但是令他看到了希望。

带着新产品，老夏参加了本市举办的"工业产品展览大会"，正巧，国内某大型汽车制造企业也参加了这次会议，看到老夏带来的产品后，觉得很适合他们公司的新品车型，于是同老夏约定时间，商讨具体工作……

可见，当领导者敢于在商海中寻找机会的时候，员工也会非常支持他，这种支持会转化为实实在在的东西，令企业更有能力把握机会，在这样的良性循环中，企业、员工、大众都是受益者，所以领导者的影响力才能保持下去。

寻找机会是一件永无止境的事情

那些知名企业之所以能够长久对社会产生影响力，关键在于领导者不断寻找新机遇，只要企业存在，你就要努力做好这件事。

作为企业的"掌门人"，你应具有市场敏感度，同时还要了解市场波动规律，如果将商场比作海洋，领导者一定是具有丰富经验的"舵手"，能够把握时机，以最快速度获得机会。

领导者的影响力会影响到每个员工，他们非常信任你，所以期待你成为最有智慧和勇气的弄潮儿。

领导者永远无法过安逸日子，你休息一天，机会就有可能落入别人手中；反之，如果你足够勤奋，员工就会产生崇敬之情，你的影响力就有可能保持下去。

想要在机会的海洋中弄潮，必须具备几个特质：专业知识、勤勉、勇敢、快速机智的反应能力、魄力、敏锐的洞察力。缺少了这些，即便领导者每天都出去寻找机会，谈项目、谈合作等，都不会让企业真正获得机会。

所以领导者要保持不断学习的习惯，因为市场环境和行业状态不断改变，你的知识更新速度慢了，就会被其他人抢走机会；你缺少洞察力，可能机会就摆在你面前，你都不知道；没有魄力和勇气，你不敢在风口浪尖把握机会……

当一面进行自我修炼，一面在商海中"淘"机会的时候，你就能在员工和社会大众心中树立良好的形象，你越进取，大众越相信这个企业是处于不断发展中的，所以愿意支持你。

在寻找机会的同时，让企业做好准备

寻找机会是为了让企业能够持续发展，同时维系了领导者的影响力，两者几乎是同时进行的。但是，领导者不能盲目寻找机会，也不能只为了"寻找"机会，因为企业终究要利用这些机会谋得企业发展，如果一再错失，领导者在员工和大众心中的影响力也会受到损害。

所以说，企业在寻找机会的同时要做好准备，才更有能力抓住机会，这也是考验领导者洞察力的机会。

很多时候，企业不知道该往什么方向走，也不知道需要加强哪些方面的优势。因为对市场太陌生，加之"嗅觉"缺乏敏感度，企业就像无头苍蝇，不管往哪里转都会碰壁。

而在机会海洋弄潮的领导者，正可以解决这个困惑，因为常年与市场接触，知道最新动向，也了解大众最需要什么，如果企业能够以此为目标，就很容易跟上市场的步伐，这对获得新一轮机遇非常关键。

从企业家的角度说，他不仅要做到其他人无法做到的事情，而且要不断完善自己的使命，才令其他人更加为他骄傲。

更重要的是，当企业能够抓住机会，并以此成就一番事业的时候，领导者的“底气”就更足了，这就为下一次抢占先机做了储备。

可见，领导者不仅要不断寻找机会，还要将自己锻炼得更加强大，才能顺利地把握住机遇。

有一句话永远不过时：机会永远留给有准备的人。

如果领导者只管寻找机会，却不让企业有迎接机会的准备，就可能永远也找不到机会，这也是很多领导者苦恼的原因。不妨换一种思路，将“寻找机会”和“做好准备”当成需要同时抓住的东西，影响力才有可能被保持在高处。

CHAPTER 7

持续有效的影响力让企业永葆长青

——能产生超震撼能量的领导力圣经

一般而言，影响力对员工和消费者的影响是内在的、深远的，不会随着领导者职位的改变而改变，更不会随着职位的消失而消失。这就是为什么马云、史玉柱在退居二线后，仍有人对他们念念不忘。领导者若想使世人心悦诚服，就要发挥自身的力量，和企业同进退，与员工共忧乐，将影响力发挥到极致！

1. 永续经营离不开“掌门人”自身观念的转变

作为企业的“掌门人”，你要将企业带往何处，关键在于你如何转变自身观念。

无论企业是什么样的规模，领导者的自身观念都决定了企业将来的发展方向，甚至决定了企业的兴衰，而这取决于领导者的核心地位。作为企业的“掌门人”，你要将企业带往何处，关键在于你如何转变自身观念。

在企业里，领导者的权力大，但约束性小，当很多人走向最高管理者岗位的时候，却淡忘了是社会赋予你地位和权力的，没有大众的支持，你便不存在影响力。

“掌门人”既手握权力，又担负社会责任，所以更要形成与时俱进的观念，才能在企业不断发展的道路上，聚集更强大的精神力量，用自身影响力推动企业甚至行业的发展，最终惠及大众。

企业家能够当好核心领导，证明他们意识到了这一点。什么样的模式适合企业，领导者心中都应当有考量，才能令“永续经营”成为现实。同时，企业离不开优秀的调控，不论从宏观还是微观方面，都需要将其控制在合理的范围内，做好“开源节流”工作，进而形成良好的氛围。

如果企业能得到永续经营，影响力也会持续发挥作用，大众便会建立起监督机制，领导者的行为和观念，都会处于监督之下，大众是否再选择支持你，就可能决定了企业的成败。

成功的企业家都有明确的方向。要带出一支怎样的团队？企业最终的归宿是什么？当你有了明确方向和目标的时候，才能“掌好舵”。这只是开始，等到了实际操作的时候，企业家的观念更为重要。从创业一路走过来，价值观是否已经发生变化？

“掌门人”和企业是共同进步的

当你的眼光能够与时俱进，才能在管理中加入原创元素，所以说，企业的样子，就是“掌门人”心目中的样子。

1998 年，海尔公司上升势头很强劲，还提出了“狮鹿哲学”，同时开展了流程再造工作，希望进一步提升品牌影响力。后来，张瑞敏在发表的文章里写下来了这样一段话：“从 1998 年我们又推进了一步，就是对市场链的流程再造，海尔实施了完全扁平化的管理模式。原来企业里的关系，同事间都是上下级的关系，员工要求是我的直接领导、上司对我好就可以了，满足他们的要求就可以了。而扁平化的管理，企业员工每个人之间不仅是同事的关系，更是市场的关系。”

这是他对“狮鹿哲学”的理解，他希望企业中的每一名员工都是有活力的。鹿与狮子相比，明显处于弱势，但狮子只可能吃掉年老体弱的鹿；反之，如果狮子不够硬朗，强壮的鹿也有可能给它一脚。所以说，必须让每一个细胞都充满活力，整体实力才会增强，这就是张瑞敏的观念。

“掌门人”的观念对形成企业文化有很大帮助，每当我走进企业，都会看看企业文化是什么，这能够反映出领导者的观念是否高明、思想是否先进。先进的思想观念，将对企业管理有积极作用，甚至可以被称为“企业的发展之源”，同时，影响力也会得到提升。

综合运用各种资源，管理才能“事半功倍”

资源是创造利润的基础，企业家如何看待资源管理，决定了企业能否不断成长。很多企业家做到了综合利用资源，管理效益就显现出来了。

什么是最重要的资源？人才！松下幸之助是日本著名的企业家，他曾说：“企业能否对社会有所贡献，从而蓬勃发展下去，关键在于人。”

对于企业家来说，如何正确看待员工的价值，并给予合理的安排是非常重要的。人性化管理的企业，大多会取得不错的成绩。企业家管理好“人”，也就抓住了管理的根本，如何调动员工的积极性，决定了管理工作能否实现“事半功倍”的效果。

提高员工地位，打造企业文化

企业文化越鲜明的企业，员工的地位越高。员工不仅是雇员，还应该充当主人，只有给予他们空间和适当权利，才能充分发掘他们的潜力，成为提升企业影响力的重要元素之一。

如何提高员工的地位呢？可以让他们参与管理工作，企业需要及时对管理细节进行调整，员工有什么好建议，都可以说出来，这不仅拉近了领导者与员工的距离，同时还收集了更多好想法。

之前，不少领导者觉得员工必须得“管”。但管得住人，管得住心吗？你的影响力会在此过程中慢慢减少。等到观念转变了，你看问题的角度也会不同，与其“管着”员工，不如放手让他们做，效果反而更好。提升员工素质需要过程，需要你用积极的态度影响他们，从而令企业整体实力增强。

创新造就更大影响力

能够给企业带来更多收益的“创新经营”模式，必须有其可行性，并且在行业内还没有实现领先地位。这是一种开拓性经营活动，主要包括企业形态创新、产品市场创新、技术和经营方式的创新。

随着行业变化速度的不断加快，所有企业都需要对原有的方式进行调整和创新，及时引进新技术，不断产生新思维，敢于尝试新方法，这不仅体现了领导者的魄力，同时将创新的力量传递给员工，这种观念是能够跟上行业发展脚步，甚至更加超前的，所以，企业才会有永续经营的动力。

其中，最关键的要素是用低成本创造大收益，由此产生的影响力会覆盖企业和社会大众，"掌门人"的想法越先进，企业的步伐越快。但是，"变革"不单指某个方面。只有在进行整体规划的时候，效果才会明显。如果只盯着一方面，或是不想有太多投入，那么，即使你非常关注某个方面，都不会对整体产生太大效果，并且在你停止"关注"后，原有的改善成果也会消失。

领导者具备创造力，才会对企业的经营方式进行改革，创造力是可以培养的，我建议领导者应多了解国内、国际大企业的经营模式，当有了大致了解后，再根据本企业现状，进行局部调整，目的是为了与本企业状况相匹配。

企业家的自身观念决定了他的影响力，如何决策、判断、确定方向和建立模式，都来自于领导者的主观想法。作为企业的"掌门人"，一定要树立正确的价值观，成为有能力承担社会责任的企业家。当所有领导者都积极推动企业的发展时，行业也会有发展，有利于形成良性竞争环境。此外，合理运用资源也是考验企业家自身观念的环节，最重要的是调动员工的积极性，只有挖掘出他们的潜力，企业发展才会有动力。由此可见，领导者和企业的影响力是密不可分的，并且这些影响力终究会成为企业进步的"精神支柱"。

2. 最终让企业永久受益的是合理模式

不论公司是什么性质，在运营模式上的差别并不大，只要做好分门别类的工作，再进行细微调整，都能保证企业处于良性循环中。

想要令企业保持发展的态势，应当建立起合理模式，很多企业之所以能够长期存在，关键是它在不断总结经验的过程中，找到了适合企业的发展模式。当很多元素都被分配至合理位置的时候，资源才能得到充分利用，员工的积极性也随之提高，当然，领导者的影响力也能扩大至整个企业。

说到运营模式，很多企业都存在相同点，不论公司是什么性质，在运营模式上的差别并不大，只要做好分门别类的工作，再进行细微调整，都能保证企业处于良性循环中。

首先，要说到企业的行政管理层，这是企业的“司令部”，所有的决策都从这里发出，安排合适的人担当重任，对企业的影响很大。

其次，是企业的销售层，这是非常重要的部门，它为企业赚钱，并且将品牌推广出去，形成源源不断的效益，销售人员如何将收集的情报分析成数据，然后找到突破口，利用合适的机会做形象推广，再用热情的服务打动客户，都是领导者需要培养的。

再次，企业的生产层也肩负着巨大责任，作为企业的核心，操作员的技术要过关，建立安全生产机制，还要对产品的质量把关，与此同时，员工的效率也非常重要，所以必须做好相关考核机制。

最后，技术层是企业的“发动机”，同样需要保持良好的状态，不仅要多给予空间，还要花力气培养新人，技术是个很特殊的领域，没有“更新”和“创新”意识，很难融入整个模式中。

值得一提的是，资金也是企业的命脉，不仅要做好日常财务工作，还得建立起严谨有效的监督机制，只有这样，资金才能被合理利用，为企业的持续发展奠定基础。

很多企业正是因为找到了适合的模式，才在国际市场上崭露头角，成为有影响力的企业。

海尔——安营扎寨模式

作为民族品牌的典范，海尔很早就走出了国门，那时候，中国还没有加入 WTO，但海尔就已经在国外建立了生产基地，将生产、营销拴在了一条线上，树立当地企业的形象，以便更好地开展销售工作，同时避免了关税壁垒。比如，海尔在美国和巴基斯坦建立了生产基地，在创立这个模式前，海尔曾计算出效益率，结果证明在海外建厂更合理，品牌很容易受到顾客的欢迎，税也减少了，虽然初建成本较高，但为企业将来的发展打下了基础。

TCL——品牌共享模式

什么是品牌共享模式？先要整合好国际上知名和不知名的品牌，然后将他们与自己的产品相结合，进而带动国内产品走出去。

比较知名的有：TCL 与德国施耐德、法国汤姆逊，在这些品牌的带动下，TCL成功打入国际市场，提升了品牌知名度，这种做法存在一定风险，TCL也想到了这一点，在经过风险评估后，还是决定用这种模式，结果证明他们的想法是对的。

联想——借船出海模式

联想可以被评为“胆子最大的企业之一”，因为这种借船出海的模式，本身就带有以小搏大的风险。收购IBM之后，联想一跃跨入世界五百强行列，虽然IBM只能借五年，但联想却因此获得了它在国际上的成熟团队与销售渠道，对提升影响力有很大帮助，企业的知名度提高了，自然会发展得更好。

但是，这中间存在一个关键点：联想是否有能力将两个企业的文化融合到一起？联想似乎对这件事情志在必得，早已在此方面下足了功夫，从联想的英文更名到成为奥运会的顶级赞助商，联想为这次“出海”做了十足的准备。

华为——技术领先模式

华为能够取得长久经营的一个重要基础，是它代表了最尖端的技术，有明确市场目标的它，采取先占领发展中国家，后占领发达国家的战略，俗称“农村包围城市”。华为始终将目光放在技术方面，形成了品牌的拳头产品和优势，到目前为止，华为有超过一半的营业收入来自国际市场。

在中国企业里，能够像华为一样以技术为导向的企业并不多，它将“中国制造”变成了“中国创造”，开启了行业先河，所以说，华为的影响力是伴随着技术创新产生的。

长虹——产品代理模式

长虹的品牌代理模式，是现阶段国内企业使用较多的模式之一，产品出口主要靠海外经销商代理，这种模式的优点在于，可以在低风险的环境下，利用已有的销售渠道，获得一定利润，但存在货款不好收回的情况。另外，这种模式不利于品牌在海外市场的推广。

中石油——资源互补模式

以中石油为代表的不少国有企业，虽然规模庞大，但是无法在海外市场寻求更多机会，这些企业同样需要走出去，所以必须建立合理模式。

资源型企业面临的问题是，要找到新的资源来改善现有的局面。当国内资源开采到一定程度的时候，就要走出去“寻找”，但是通常需要很大投资，所以要求企业做好资金预算和风险管理，以免得不偿失。

这些企业在维持经营的基础上，通过建立合理的模式，找到提升竞争力和影响力的突破口，尽管这些模式会带来很多利好，却也隐藏了危机，稍有不慎，就会将企业带到相反方向，有损其影响力。

所以说，想要建立合理模式，领导者需要充分考虑其中的环节，不仅要预估利益，还应当清楚其中的风险，两者衡量之后，再决定是否建立这种模式。

既然需要通过建立合理模式维持企业的影响力，从而实现持续经营，不妨借鉴一下方法，观察模式建立的要素和类别。

专一模式

专一模式就是集中企业的全部力量，对某项拳头产品进行研发和完善，当时机成熟，就可以选准突破口，将品牌推向市场。这要求企业具备核心优势，这种做法在中小型企业很难完成，它们的精力太分散了，资源规模也小。

很多中小型企业不舍得放弃已有市场，担心“赔了夫人又折兵”，长此以往，企业的影响力不仅无法得到提升，还会有所下降。

想要永续经营，企业必须有“拿得出手”的产品，有了它，服务、售后等一系列工作就容易形成系统，企业想要建立系统就简单多了，管理上的便捷，是令技术进一步提高的保证，一旦这样的良性循环建立，企业的影响力就会持续提升，与此同时，竞争力也会提高，“影响力”与“竞争力”形成相辅相成的关系，“永续经营”就有了保证。

值得一提的是，这种模式也存在一定风险，当企业将大部分资源都用在拳头产品上，就等于放弃了其他市场，所以说，在做选择前，必须有目标市场，并做认真分析，以免损害企业影响力，从而导致不良结果。

特色模式

这种模式重在创新，要根据自身特点，推出与众不同但能符合大众需求的产品，即差异化。

中小型企业几乎没有能力形成特色模式，实力较强的是行业领先品牌，如果没有特别的办法和优势，多半只能眼睁睁看着大型企业发展。

有影响力的产品，必须在顾客心中处于第一位，这才符合“特色模式”的内涵。当顾客被产品吸引的时候，就会形成较高的忠诚度，并且不断产生新客户，影响力会得到提升，利润也随之而来，有客户就有利润源，这是企业永续经营的基础。

比如，美国七喜公司推出汽水的时候，可口可乐已经占据了大部分市场，但是它巧妙地将产品定义为“非可乐”，引起很多人的注意，避开与可口可乐正面交锋的结果是，它获得了很大利润。

不过，这种经营模式同样存在风险，特色产品需要靠市场支撑，领导者先要考察市场大小，如果有市场，企业的影响力才会得到提升，反之则有损影响力。

联盟模式

龙头企业毕竟占少数，不少管理者都带领着一支“不大”的团队，想要获得市场的青睐，同时把风险降到最低，可以采取“联盟模式”：两个或以上有共同目标的企业合作，用更强大的姿态面对市场风险。

这种模式分成横向和纵向，前者是与供应商、经销商合作；后者是与竞争对手合作，不管横向还是纵向，你都可以选择合作企业的规模，正如TCL与国际知名品牌合作一样。

与大型企业合作，你可能只会得到“边缘利益”，甚至沦为“制造商”，对自身品牌的推广没有益处，所以很多企业会寻找与自己规模相当的“伙伴”合作。

这种模式有以下几个优点：

第一，能够让“1+1>2”的等式成立，充分发挥协同效应，合作企业无须增加资源，却可以分享对方的资源，在平台共享的基础上，令投入获得多倍回报。

第二，降低风险，获得稳定收益。企业要面对纷繁复杂的市场环境，可能会担心如何抗压。供应商、客户、运输商、竞争企业等都令企业的风险升级，当你加入了联盟，身边的环境就会相对简单，在稳定性大大提高的背景下，收益率也在上升。

第三，有助于获得垄断效应。很多人以为，只有当大企业结成联盟的时候，才会有垄断效果。其实，中小企业亦是如此，因为它们很可能在某个区域内盘踞了很多年，对当地的市场非常了解，大众也对其有所耳闻，此外，它们还常常受惠于地方政府的政策，更有助于实现该效应。

当很多企业将“联盟模式”作为一剂良药的时候，也要看到其中的矛盾，盲目寻找合作伙伴的结果，只能是黯然退出市场。“联盟模式”不是拉郎配，先要确定你们之间是否为互补企业，还要事先协商好合作细节，以免“联盟”内部出现分歧。

可见，只有当企业找到合理模式之后，永续经营才有了保障。在此过程中，影响力渐渐升华，想要保持住，就必须克服可能遇到的问题，把风险降到最低。

3. 除了影响力还要宏观管理、微观调控

影响力不是决定企业成败的唯一要素，没有严格进行宏观管理、微观调控的团队，无法保持良好的状态。

企业家共同面临的问题是：如何让企业实现永续经营。

企业想要有知名度，和领导者的个人魅力分不开。当大众非常支持你，企业才有发展下去的动力，但是，影响力不是决定企业成败的唯一要素，没有严格进行宏观管理、微观调控的团队，无法保持良好的状态。

企业管理可以从两个层面发挥作用：一是宏观方面，领导者需要加强员工的社会责任感，维护相关人的权益，这样才能推动市场的发展；二是微观方面，企业管理的目的，是要增强团队竞争力，提高自身价值。

作为有责任意识的企业家来说，不仅要对员工负责，还担负着社会责任，员工是组成团队的元素，带领他们在工作中不断学习，才能增强他们的整体素质。

领导者的影响力能否贯彻到每一个角落，关键在于对基层管理人员的培养，他们直接对普通员工负责，如果他们有足够优势，就能轻松做到这一点。

在某些企业家看来，管理并不是难事儿，不外乎从宏观和微观两个角

度入手，管理活动能否顺利进行，关键看领导者制定了什么样的流程，员工只要按照流程做，日常工作就不会出现纰漏，当企业按照既定的方向走，战略目标也更容易实现。然而，只有宏观管理还不够，领导者还要时刻关注放权之后的企业状态，中层、基层管理人员能否利用好权力，普通职员还有哪些需求，你都要掌握好。

惠普公司是全球知名企业，在电子测量和微型计算机领域有很大成就，一直居于财富榜前列，同时，惠普也是“求职者最想去的企业之一”。

它能取得成功，靠的是领导者在人力资源方面的管理，将宏观管理和微观调节联系在一起，让员工充分发挥自身优势，惠普很重视人才，所以能够在全球范围内形成较大的影响力。

秉承“以人为本”的惠普公司，时刻体现出对员工的关心、尊重和帮助，尽管有严格的工作流程，但是会在条件允许的情况下，尽量满足员工的需求，领导者常常到基层员工中去，进行现场管理和巡视，遇到困难的员工可以马上和领导交流沟通，争取在第一时间找出解决办法，这种非正式的口头交流，不仅减少了员工的精神压力，也拉近了双方的距离，随着时间的推移，领导者慢慢影响着员工。

惠普创始人休利特和当了40多年研发部主任的奥利弗，经常会出现在设计现场，在员工还没有察觉的时候，他们已站在一旁静静地看了很久。后来，他俩陆续退休了，但是员工们都有一种挥之不去的感觉，休利特和奥利佛会随时出现在身旁，当影响力达到这种程度，领导者早已将精神传递给了他们。

惠普公司的管理流程中，明确了员工的岗位职责和层级制度，领导不会过多做具体工作，很多事情都放手让员工自己去思考和完成，但始终愿意做员工的“倾听者”。惠普认为，与同事相处融洽的关键是沟通，与双方的职位无关。

虽然将员工培养计划列在企业管理章程中，但常常对此作出调整，因为不同员工需要的培养方案不同。领导者认为，想要提升影响力，必须将自己的理念传递下去，“培养员工”不仅是培训的过程，更是将多年工作经验传授给他们的过程，这可以在潜移默化中影响员工的心态和价值观。

可见，领导者想要让自身影响力获得提升，必须将宏观管理和微观调控联系起来。从另一个角度说，宏观管理内容涉及面广，有较高普及性，员工都要服从，通常表现为制度、流程、方案等，但是每个员工的性格、能力不同，如果人人都被“死死管住”，员工的积极性会下降，能力也得不到发挥。反之，领导者一点都不管，员工容易产生懒惰、迷茫等不良习惯和心态，有损企业的影响力。

宏观管理：制度既要对企业负责，又要规范员工的行为

很多领导者对此都有比较深刻的认识，几乎每一个企业都会在初期建立制度、流程等各种规范，但并不代表你设计的方案就一定适合这个企业。我常提出这样的疑问：“你的宏观管理，能够做到同时对企业和员工负责吗？”

不要简单地将宏观管理看成是“贴在墙上的制度”，如规定的工作时间和流程。领导者首先要有意识，如何将企业打造得更有影响力？

在这个问题之下，还隐藏了很多分支问题，比如，如何树立企业的形象？企业文化是什么？怎么做我才能影响员工？

宏观管理是一项高度概括工作，在制定前要想好这些事情，管理工作就有了方向感，当领导者明确需要制定哪些具体管理方案的时候，企业的发展性质也就确定了。

老杨十多年前开了家生产文化用品的企业，如今规模已经翻了一倍多，对于如何做好宏观管理，他很有心得：“你想把企业带成什么样子，就是你制定宏观管理的目标。正如我当初很想带一支高效的团队一样，员工必须在规定的时间内完成工作，特别是销售、财务等核心部门，每天下午6点前，要将当天的日报表发给我，这被我列在了奖惩计划内。”

可见，领导者对于企业的愿景，都体现在宏观管理上，它是决定企业

能否永续发展的“规范性方案”。简单地说，员工的行为受到它的制约，同时，也会写明赋予员工什么权利，正因为宏观管理的范围很广，所以无法满足每一个细节。

越来越多的人喜欢在“聚美优品”上购物，它有几大优势：保证正品、快捷、30 天免费退换货等。这些足以吸引大众的目光，也是具有超高人气的保障。

它敢于承诺这些服务，说明企业内部宏观管理是与之相对应的，比如，想要保证正品，检验人员必须严格把关；商品应当在一定时间内被寄送，员工要在规定时间里做好分类、打包等工作。

聚美优品能够在短时间内产生这么大的影响力，与宏观管理分不开，当它对企业文化负责的时候，就会形成一个完整的体系。与此同时，让员工受到积极工作态度的影响，宏观管理制度越科学，员工的安全感越强，这是毋庸置疑的。他们对严明的制度很敏感，认为企业只有在这种制度下，才会有长远发展的可能。

从大众的角度看，他们能够从企业的文化和核心价值联想到内部情况，所以说，好的宏观管理方案，也是给予大众的强心剂，在企业外部和内部全都认可的情况下，宏观管理会朝着既定的目标进发。随着市场环境和行业状态不断变化，宏观管理方案也要进行调整，但初衷依然是对企业和员工负责，值得注意的是，虽然要注重员工的个性化培养，但是让他们在一定范围内形成统一步调非常重要，这才是宏观管理的意义。

微观调节：重视细节，实现对员工的个性化管理

作为一名企业家，除了要做好宏观管理外，微观调控也十分重要。员工在自己的岗位上，能否让主观能动性得到充分发挥，要依赖于领导者的影响力和微观调控能力，需要做好检查、督促工作，了解员工的实际工作情况，哪些细节不合理，要马上作出调整，以免因局部影响整个企业。

由此看出，微观调控的重点在于“细节”，不可能进行整体改革，所以更要注意那些不经意的事情，尽管企业已经形成一整套方案，但还是有可能存在疏漏的地方，或是这项制度在某个部门、某个时间段里无法实现，就需要想其他办法，调控的意义是提升企业的影响力。

如果说宏观管理是以“企业为中心”，那么，微观调控更注重员工的个性，很多领导者意识到，企业永续发展的动力是员工。只有做到“以人为本”，企业才能提升影响力。

不论哪个行业，员工都需要运用一定技能和智慧，才能出色完成工作，在很多企业家看来，车间的包装工和实验室的技术员，都要得到关注、尊重和关心，工作永远都在创新，而员工创新的动力，来源于他的主观世界，只有在恰当的时机，才能被激发。

微观调控的过程中，领导者要将员工看成最重要的资源，不仅要知人善任，还要整合好其他可以利用的资源，只有在这些铺垫工作都完成的基础上，领导者的影响力和管理方法才能同时奏效，形成事半功倍的效果。

宏观与微观既相互独立又融为一体

如今，企业文化越来越被重视，不论是选择工作的应征者，还是有可能成为利润源的大众。企业文化反映了“掌门人”的性格、愿景和追求，优秀的企业文化，就像在给企业代言，不需要过多解释，影响力就会慢慢形成。值得注意的是，企业的宏观和微观管理都与它密不可分。可见，两者既互相独立又融为一体。

先说宏观管理下的企业文化。

宏观管理就是要制定出适合企业发展的“框架”，在这个基础上，企业才能处于正常的运营中，宏观管理应当与企业文化相适应。简单地说，当你看到企业文化的时候，能够理解为什么要制定这样的管理方案，反之，当你知道管理方案的时候，会联想到企业文化。

企业文化是对该企业的高度概括，当领导者建立起宏观管理体系的时候，应当想到需要什么样的制度才能诠释企业文化。大众在评论企业文化的时候，一定会对比它的宏观管理理念。如果是一致的，证明企业的发展朝着既定的目标和战略前进，无形中让大众有了信心，企业的影响力在此过程中得到提升。

再看如何利用微观调控，使企业文化成为新亮点。

既然宏观管理模式是企业文化的诠释过程，那么，微观调控同样具备这样的功能，管理制度再先进，最终都要靠人去完成。

比如，某公司的企业文化中写道："高效、严谨、创新、服务第一"，说明企业非常重视这些方面，那么，在宏观管理方案中，就应当对此作出明确的规定。

第一，员工必须在48小时内处理好客户的订单、投诉、售后……

第二，对报告中的每一个字、报表中的每一个数字负责……

第三，在工作中加入原创因素，技术员每季度要提交一次"创新报告"……

第四，将顾客的需求放在第一位，在为顾客服务的时候，保持微笑和礼貌的态度……

企业的条例制定出来，刚好与企业文化相对应，更重要的是如何执行这些条例。领导者应当推出合理的监督方法，并且经常与员工沟通，了解他们的真实工作情况，如果遇到障碍，也能在第一时间调整，以保证工作的顺利展开，而这一切，都为了提升企业的影响力。只有当管理水平和影响力同时上升，两者才能长时间保持在高位。

可见，宏观管理和微观调节是企业永续经营的保障，虽然很多领导者还没有意识到，但它早已存在企业里。如今，将这两项内容具体表述出来，是为了帮助领导者更好地发展企业，当员工和大众能够完全理解管理方式和企业文化的时候，领导者的影响力也悄然上升，而它又将带动更多人去关注企业，最终实现永续经营。

4. 影响力既不是零分也不是满分

影响力不可能单独存在，它是管理水平达到一定程度后的产物。

拥有影响力的企业家，会将更多资源带到企业中，并培养大量忠实顾客，从这个角度说，影响力的意义是深远的。

当很多企业家将影响力看成“灵丹妙药”的时候，我认为应当提醒他们：影响力固然重要，但它不是支撑企业发展的唯一动力，除此之外，企业还需要合理的模式与科学的流程，只有在管理方法适宜的情况下，影响力的作用才能发挥到极致。

影响力既不是零分也不是满分

当企业有持续动力的时候，影响力也会水涨船高，在企业内部建立架构紧密的组织关系，员工之间的合作才能有效进行，这些都是保证企业产生动力的因素。

很多领导者产生这样的疑问：如何让影响力与其他要素结合起来，促进企业的永续经营？

首先，你要清楚什么是企业发展的动力，是什么影响了企业的形象。

明确的战略、合理的模式、先进的管理方法、激励体制……如果其中一项没有做好，就会对其他因素产生干扰。

其次，影响力应当在不经意间被积累，而不能成为管理工作的主要目的，简单地说，扩大影响力只是一种途径。

更重要的是，当企业有了管理基础和明确的目标之后，影响力才会产生，后者作为一种表现形式，有它存在的意义，它是为企业发展服务的。

作为全球第二大通信设备供应商，华为的发展经历了很多风雨，才形成了今天的规模，它之所以能够成就辉煌，与其核心理念密不可分。作为一家科技含量极高的企业，创新成为它的秘密武器，也正因此，华为在全球具有很高的影响力。

华为公司的员工素质都非常高，这与领导者的影响密不可分，企业内部形成了不断进取的氛围，所有员工都在追求更高的突破，这对通信行业来说，是难能可贵的。

任正非曾说："一个人想要影响分世界，首先他要具备优秀的素质，后者带出了前者，顺序千万不能颠倒。"

这句话很形象地概括出一个企业发展的关键，如果华为没有理念、纪律、组织、人才和技术，它不会有任何影响力。

每当任正非介绍企业的时候，他都骄傲地说："华为的员工都是有梦想的。"

员工是支撑企业的最大动力，有梦想的领导者能够带出有梦想的团队，企业就有了发展方向，影响力在这种良性循环中不断发挥作用。

想要走得远，就必须抓住核心价值，华为的核心价值是技术，当很多企业将中国当成"制造基地"的时候，华为树起了"振兴民族企业"的大旗，它把重要精力放在研发工作上，无疑让企业有了活力。

这些还不够，华为需要营销渠道，这是将产品输送到用户手上的重要通道，任正非认为："实体店和网络商店都要看到华为，才算是覆盖了全部。"

华为积极建立渠道，很快建立起完善的营销网络，此时，华为的影响力得到巨大提升。

这种模式为华为创造了收益，并在之后的一段时间内使华为得到了稳定的利润，但任正非明白，市场的变化太快，只有不断做出新动作，华为才能保持影响力。

之后，华为提出了更远大的目标：走向国际市场！

这个举动让很多人振奋，中国的通信品牌将要打入国际市场，大家的干劲提升了很多，同时也得到广大顾客的关注。

任正非将华为的产品带到欧洲，很多人不相信中国也有3G手机，而令这些人惊讶的是，他们在使用了华为的产品之后，发现它非常方便，华为产品受到广泛好评。

这个消息传到国内，让华为的影响力大增，有了国外企业的认可，华为更有信心了。

“这并不表示华为在国外具有竞争力。”任正非说出了当时的担心，“华为若是昙花一现，所有人都会失望，所以必须让他更有成长动力。”

因此，华为还需要做更多努力：建班子、带团队攻克技术难关……凭借之前的影响力，员工的干劲很足，研发速度也突飞猛进，当任正非再次走入国际市场的时候，他很自信地说：“我们比其他外国企业更有潜力，他们想要改进一项技术，需要花费半年、一年，甚至更长时间，而我们一个月就能完成。”

华为说到做到，它对市场的“答卷”有目共睹，无形中提升了它的影响力。由此，华为时代正式开启，影响力与企业持久力，在不断发展的过程中，逐渐转变为相辅相成的两个要素。

影响力是多少？管理水平说了算

很多领导者只关心企业的影响力，但是这个要素会阻碍企业发展，这种想法存在误区：影响力不可能单独存在，它是管理水平达到一定程度后的产物，你没有管理好企业，如何产生影响力呢？

任正非没有为自己的形象造势，却拥有影响力，是因为他带出了一支科技含量高的团队，因为它真正把产品带入了国际市场，华为有了骄人的业绩，社会影响力自然会提升。

任正非说："华为唯一可以依赖的是人，认真负责和管理有效的员工是华为最大的财富，员工在企业成长圈中处于重要的主动位置。"他还表示："企业就是要发展一批狼。狼有三大特性，一是敏锐的嗅觉，二是不屈不挠、奋不顾身的进攻精神，三是群体奋斗。企业要扩张，必须有这三要素。我努力构筑这样一种宽松环境，让大家去努力奋斗，新机会点出现时，自然会有一批领袖站出来争夺市场先机。每个部门都要有一个狼狈组织计划，既要有进攻性的狼，又要有精于算计的狈。"

从华为的影响力可以推断，企业的管理水平也会走在世界前列，由此说明：管理水平决定产品的质量，产品决定品牌的知名度，知名度决定企业的影响力，影响力推动企业持续发展……

影响力是有实力的象征

具备影响力的企业，一定有实力，这是毋庸置疑的命题。

反之，想要提升影响力，企业必须有实力，从华为的案例中可以看出：抓住了核心价值，企业便有了明确的发展方向。华为的科技含量比其他品牌高，技术更新速度也比别人快，这是产生影响力的基础，企业有了实力，一切都好办了。

有人说："华为的营销方式也非常棒。"这也可以将其看成企业实力的一部分，也可以把它看成宣传实力的渠道，如果没有尖端科技，任正非怎么会在国际会议上推广华为的优势呢？

影响力的确很重要，但这不能决定顾客的选择，如果我去买手机，一定要买质量过硬、科技含量高的，相信其他人也会这么想。

这么多人选择华为，不仅是精神上的支持，也推动了它的发展，这个过程中，影响力和实力都会得到提升。

影响力不会独立存在，是因为不能缺少实力的支撑。想要建立永续经营的企业，必须将大部分精力放在巩固管理上，不必担心是否会产生影响力，企业家只要朝着目标发展，并且能够克服困难，肯定能得到大众的支持，但这只是动力，因为企业接下来要走的路还很长。

5. 守住红海，寻找蓝海

红海充斥着厮杀、争夺，蓝海静静等待企业家的寻找与开发，两者都是令企业持续屹立的重要领地。

红海充斥着厮杀、争夺，蓝海静静等待企业家的寻找与开发，两者都是令企业持续屹立的重要领地。企业必须在守住红海的基础上去寻找蓝海，这样的领导者既勇敢又充满冒险精神，在带领员工不断探索的过程中深深影响着他们。

领导者需要用亲身经历告诉员工：不能放弃任何令企业发展的机会。

当这种理念得到传递，员工就会把它带入工作中，为企业的进步增添动力，对于红海和蓝海，领导者秉承了两种态度，但二者又不能分开，从红海中夺取了资源，会成为寻找蓝海的基础，而被找到的蓝海，又巩固了企业在红海中的地位。

不论在红海还是蓝海，都要求你有足够的勇气、耐心、抗压能力、洞察力，等等，而这些都建立在领导者的“勤奋”之上，领导越努力，对员工的影响越显著。

企业存在的意义是长久发展，长期在一个地方“觅食”，资源很快会被用尽，如果领导者沉迷于过去的辉煌，员工会看不到希望，当你失去影响力时，企业也难以长久。

这就要求你不断寻找新机遇，作为企业的灵魂人物，建立广阔和稳定的平台非常重要，它能够帮助员工建立良好的心态。

在红海摸爬滚打很多年，人们太熟悉它了，这是有利的一面；然而，不利的一面是：熟悉它的人太多，前来争夺资源的不计其数。正因为对手之间常年“交战”，互相非常了解，所以不妨利用他们的弱势，扩大自己的领地；与此同时，自己也拥有一批“忠实粉丝”，通过不断推出新产品，满足他们的需要，是巩固品牌地位的方式。

这种做法会令员工觉得：我们有根据地，这是让人有安全感的基础。

团队的士气很重要，当领导者用“守住红海”的战略告诉员工“我们有实力”，团队就会在稳定的情况下寻求更多机会。

但是红海中的机会太少了，领导者必须去蓝海寻找，建立新据点的征程由此展开。面对还没有多少经验的领域，领导者如何开发，会引起很多人的关注，尤其是团队成员。很多企业会先寻找合作伙伴，进行“试探性”开发，这是一种“稳妥”的做法，也让员工和社会大众有缓冲的过程，领导者越稳，越容易被信任。

马云创办阿里巴巴的时候，国内电子商务行业还处于萌芽期，这片领域还是一片蓝海，近年来，该行业的发展突飞猛进，涌现了不少优秀的电子商务企业，然而阿里巴巴依然稳居龙头地位。

在蓝海变成红海的过程中，马云把阿里巴巴变成了能够满足不同人群需求的网络公司，在他的影响下，很多年轻人走进他的团队，行业反响也特别好，也培养了大批“粉丝”。

红海虽然很激烈，但马云没有放弃对“高端”的追求，顾客需要什么，他就尽量满足，随即诞生了天猫、一淘网、支付宝等，这是其他企业所不具备的，马云已经改变了很多人的购物习惯，当大众接受网购，并认为非常方便的时候，阿里巴巴又到蓝海去寻找机会了。

他把目标定在“微营销”，这是近几年才兴起的营销模式，但阿里巴巴还不具备独立操作的资质，想要在这片蓝海中找到定位，必须找到合适的合作伙伴。

之后，阿里巴巴与新浪微博联手，想要打造一种全新的营销渠道，这么做无疑让很多人吃了“定心丸”，新浪微博和阿里巴巴各有优势，但两者的结合却又非常完美。即便是在蓝海，阿里巴巴也将风险降到了最低，同时，这种新模式又能惠及大众，阿里巴巴的影响力再次“爆棚”。

阿里巴巴保持超高影响力的原因，在于他坚持“守住红海，寻找蓝海”的战略方式，在技术已经成熟的领域，不断进行结构调整，在可能存在资源的领域，又积极寻找，他给人的感觉是：我一直在成长。

只要企业的影响力存在，永续经营就有可能，争夺更多资源成为提升影响力的基础，资源从何而来？红海和蓝海都有，但是要选择不同战略，才能在奋进中不断积累人气，员工和大众的支持，是企业发展不可缺少的动力。

红海战略关键词：细节、差异化

红海似乎充斥着血腥味，但并不代表它就毫无价值，企业放弃红海，马上会丢失一大批老顾客，影响力也迅速下降，所以说，需要不断巩固在红海的地位，这可以从细节入手。

很多领导者关注“大事”，但在红海这种特殊的环境中，能够做好细节的企业，往往更容易产生影响力。

红海的另一个特征，便是产品同质化严重，如果你可以将产品进行小小的变革，差异化就显现出来了，会马上在大众中获得好评。由此可见，想要守住红海，需要从细微的地方入手，影响力也从中积累起来。

蓝海战略关键词：创新、高效

蓝海是一片待开发的区域，没有人知道能做什么，此时，创新意识就显得尤为重要，正如阿里巴巴，在大众还不知道什么是“微营销”的时候，它已经组织好了结构，并且马上开始运营，在消费者看来，这一切都很新颖，影响力马上得到提升。

从中不难看出，“高效”同样是进入蓝海的关键，从阿里巴巴与新浪微博合作，到上线发布第一个产品，几乎是在一眨眼之间实现的，很快把大众带入全新的领域，它的影响力再次得到提升。

影响力长久存在是很多企业家的梦想，维持它的关键，是不断创造出更优秀的东西，但这是无止境的，开创的过程并不复杂，最考验企业家的是，在“守住红海”的基础上，不断“寻找蓝海”。

6. 给自己一次双赢的幸福感：回馈社会

当财富和能力积累到一定程度时，企业家该为社会做点什么了，这是责任感的体现，同时也为自己积累更多的影响力，这种双赢的幸福感会令他们更加有动力。

如今，不少企业家投身公益事业，通过回馈社会的方式，获得幸福感。对于他们来说，能够拥有今天的成功，少不了大众的支持，他们利用自身影响力，将社会资源聚集起来，并且让他们得到合理利用，最终变成财富，企业家自己也从中获得丰富的经验。

当财富和能力积累到一定程度时，企业家该为社会做点什么了，这是责任感的体现，同时为自己积累更多影响力，这种双赢的幸福感会令他们更加有动力。

社会上有很多需要帮助的人，但他们的需求点不同：遭遇自然灾害，灾民需要生活物资和现金；家庭贫困的孩子，想要获得上学的机会；迷茫的年轻人，想要获得企业家的指导；无钱看病的人，渴望得到医治；有梦想的人，祈求实现自我的平台……

作为有良知和辨析能力的企业家，应当给予大众最需要的帮助，并且尽量多帮助一些人，不但要捐款捐物，更重要的是打开他们的精神世界，成为他们的心理依靠。

回馈社会的企业家，会令大众产生钦佩，因而更信服他，企业家不同于一般的商人，利益在他们看来并不是第一位的，更重要的是社会责任感。

说到回馈社会，很多人想到捐钱。这种想法比较狭隘，捐赠物资只是其中一部分，企业家还需要将培养更优秀的社会接班人纳为自己的职责。相对于财富来说，企业家积累的经验更值得关注，当整个社会都建立起积极的氛围，企业家才算完成了最重要的责任。

邵逸夫是香港著名的电影制作者，也是邵氏兄弟电影公司创办人之一，多年来，他捐赠了不计其数的物资，项目涉及医疗、教育等，是知名的社会慈善家。

在他的带领下，香港电影屡屡攀登高峰，他也获得了很多财富，但是他从来都将金钱视为身外之物，乐善好施，非常热心公益事业。

邵逸夫常说："我的财富取之于民，应当回到民众中去。"在 1973 年，他设立了基金会，款项用于各项公益事业。除经常施予财物，邵逸夫还亲自到大江南北，视察捐款项的进程，即便已接近百岁高龄，他还惦念这些事情。

很多人对"逸夫楼"这个名字很熟悉，这就是邵逸夫捐款修建的。在中国，但凡有教育的地方就能看到他的名字，多年来，仅仅是投入教育的经费，就有 29 亿元港币。

他非常重视教育，尤其是对偏远的贫困地区，更是投入了巨资改建教学楼，对推进九年义务教育的普及有很大意义。

在香港，邵逸夫不是最有钱的人，但他为公益所做的贡献却是最多的，这使他成为当代最具有影响力的大慈善家。

当企业家积极参与公益活动的时候，他在大众心里的形象会更加高大，很多人都说要担负起"社会责任"，回馈社会就是最好的证明。

同时，企业家在"给予"的过程中，会感受到肩上的责任，从而更加积极地投身工作，自身影响力也逐渐得到提高，你要始终保持这样的意识：大众赋予我地位、财富和责任，终究要用实际行动回报他们。

然而，做公益事业需要坚持，一次、两次很容易，想要做一辈子却非常难，邵逸夫做了一辈子慈善家，并且将此当成事业经营，所以才会受到大众的尊敬。

企业的发展与壮大，同领导者的努力密不可分，但同样是依靠着社会大众的关注和扶持走来的，企业家永远是社会的一分子，肩负了比普通人更多的社会责任。所以，当你在保证企业持续经营的基础上，不要忘记回馈社会，这是企业家应当具备的意识，企业不断发展壮大之后，能够将公益当成终身事业的人，才有可能从中获得更多机遇和力量，所以称之为“双赢的幸福体验”。

时刻都要参与公益事业

如果把公益看得太狭隘，会影响企业家的心态，参加公益活动需要保持平常心，并且时刻都能投身公益，这才是你应当有的胸襟。

2008 年汶川地震，很多企业家捐款捐物，有的人亲临灾区充当志愿者。公益事业的范围很广，甚至随时随地可以做。

当你不再用狭隘的眼光看待公益的时候，你就能够回馈社会更多，社会的进步离不开企业家的推动，你还需要将毕生经验和人生感悟传递给年轻人，帮助他们早日实现梦想。

公益也会带给你惊喜

之所以说回馈社会是一次双赢的过程，就是因为你在给予的同时，也会获得惊喜。2008 年汶川地震，王老吉捐款 1 亿元，大家第一时间了解了这个品牌，很快，王老吉的销量猛增，随着社会影响力的提升，品牌也逐渐走进大众心里。

参与公益事业，涉及的人比较广，会很快被大众了解，你为社会作出的贡献，会成为影响大众的积极力量，你做得越多，大众越感动；从另一方面说，大众支持乐于施善的企业，自己也在为公益事业做贡献。

当企业家努力回馈社会的时候，优秀的品质更容易被大众发现，就像一种看不见的吸引力，让人想要接近你，回馈社会是幸福的，被大众关注更是幸福的。

附录

企业家现身论道

1. 王石：不必拔高自己，但要有影响力

王石，广西柳州人，万科企业股份有限公司创始人，现担任集团董事会主席。

20世纪80年代末，随着国家新政策的颁布，王石创立了“深圳万科股份有限公司”，他担任董事长和总经理。

两年后，万科已经初具规模，这时，王石决定投身房地产市场，并且放弃对其他领域的争夺。他走的路和别人不一样。

20世纪90年代初期的市场，蕴藏着巨大的商机，尤其是1992年，房地产行业正处于暴利时期，但王石却说：“超过25%的利润，坚决不做！”

这一说法无疑是最尖锐的，即使在今天，也能成为焦点话题，王石到底是如何想的呢？

直到2006年，记者在某次活动中提问：“您是基于什么说出那句话的呢？”

王石说：“我凭的是企业家的责任感，超过25%的利润，必定会让市场带来波动，对其他企业没有好处。”

王石一向致力于公平竞争，哪怕其他企业都在寻找“捷径”，他还是按部就班地来，在他心里，正常走路也会成功，关键在于自我提升，才能

有影响力。

众所周知，王石攀登过 3 次珠穆朗玛峰，人们原以为他是运动健将，可他自己却说："我是因为身体不好才去攀登的。"

不由让人惊呼：王石果然毅力非凡，这位企业家居然拿攀登珠穆朗玛峰当锻炼身体！

王石的人生中，永远写着"不平凡"三个字，即便在小毛病缠身的情况下，他依然克服了高原反应，完成了一个艰巨的任务。

王石曾说，他不想当个商人，但是他喜欢房地产行业，可以为大众提供更优质的居住环境，同时可以推动社会的发展。正因为他比别人有"高度"，所以没有把大部分精力放在如何赚钱上，用他的话说："这个立意太低了。"

不断拔高自己的王石，比其他商人更有远见，早在 1991 年，万科就在深圳交易所挂牌上市，开创了国内房地产行业的先例，也正因为这个举动，万科拉开了万亿市值的序幕。他的同事回忆道："当我们还在为此犹豫的时候，王石已经决定这么做了，我们几乎是被他带着走，但也正因为他的魄力和远见，团队才会呈现今天的局面。"

对待人生，王石总有别样的想法，他要登高并且远望，诠释了一个企业家对于"高度"的追求。

2011 年，已经辞去万科总经理职务的王石，开启了人生中一段新的旅程——赴美游学。王石并不太懂英文，所以一切要从头开始，但王石能够"放得下"，他认为人生就应该不断寻求新的高度。

去了哈佛后，王石的确遇到了困难，课程实在太难了，以 60 岁的年龄去学这些，真的相当不容易，但这种精神让他一直坚持到现在……

国内房地产行业里，王石是个响当当的名字，其影响力可见一斑。

2. 柳传志：有影响力才能走向世界

柳传志，中国著名企业家，曾担任联想控股有限公司董事长、董事局主席。

20 世纪 80 年代，他带队创立了科技公司。那时，国家正值改革开放，各项政策对企业有利，他们大可像其他位于中关村的企业一样，运用时代和市场优势，做“打一枪换一个地方”的生意。

“确实很赚钱，”柳传志很客观地说，“但是我更希望能够做大，那一套方案明显不能满足，我们必须放弃眼前的利益。”

柳传志很坚定，一如他在 40 多岁转行办企业那样，尽管企业内部为此争论了很久，但他始终没有放弃原则——要把企业带入顶尖行列。

在他的领导下，“联想”朝着国际化迈进，技术工作者出身的他，首先要提升的便是产品“科技含金量”，凭借多年的经验，他知道哪些方面需要提高，员工在佩服之余，紧紧跟随他的脚步。

对于柳传志来说，技术并不是难事，但他没接触过贸易，联想能否打入国际市场，需要一个懂贸易的领导者，面对困难，柳传志拿出一贯的态度：学！

他的同事总说：“全公司无一不佩服他，尽管人已到了中年，他还是不断学习，企业需要什么，他就学什么，对员工的影响很大。”

柳传志说过这样一段话：“想要员工信任你，必须有处理问题的具体办法，所有理论都要被放入实践中检验。我同下级接触，常出现意见分歧，我通常有三种方案：第一，同事已经把方案列出来，我还没想到，肯定要接受他的想法；第二，如果我们都有看法，就要讨论出个对错，如果在双方交流之后，还不能形成统一想法，大家按照各自的想法做，等到结果出来的时候，我要进行比对，我错了，我会总结当时为什么这么想，你错了，也一样；第三，如果我已经把事情想清楚了，包括步骤和后果，我就会坚定自己的想法。”

柳传志很重视培养新人，他对年轻人有两点要求：一要有上进心，二要有悟性。只要是他认为的“可造之才”，肯定会花大力气培养，这也让人看到了柳传志的社会责任感。

联想创造了多个“第一”，和柳传志的影响力分不开，他带着一种坚定的信念，眼睛里只有既定的方向，在他眼中是没有困难可言的。所以他从不会被打垮，这种积极的工作状态对年轻人的影响很大。

联想走向世界似乎是注定的，这与柳传志在创业初期定下的目标有很大关系，他不安于现状，一直在奋斗，这股干劲深深影响着员工。

3. 任志强：最具影响力的“地产批评家”

任志强，远华地产股份有限公司董事长，被评为中国最具影响力的“地产批评家”。

论“远华地产”的规模，并不算很大，论任志强的个人财富，他就是在国企工作的“打工者”，但他依旧成为国内最有影响力的地产评论家。他的言论尖锐，受到很高关注。

来看看他都有哪些“惊人语录”：

宏观调控不是为了让房价下跌，而是为了稳涨

房价降了，房地产开发商有权不盖房

房地产品牌就应该是具有暴利的

我是商人，我不考虑穷人

你什么时候买房？以后的房价都会比现在高

房价将继续上涨

……

任志强每一次发表言论，都会吸引民众的目光，在网站上也是头版头条。有人爱他，认为他说出了当今国内的现状，问题就在那里，只是很多人没有说出来；有人恨他，因为他自己就是房地产开发商的代表，也是高

房价的“推手”。

不管大家怎么看，他终究是个“敢说”的人，并且敢于说“大实话”，如果说他之前的言论有些偏激，在 2010 年后，已经成为“微博控”的任志强，爆出很多贴近大众生活的语言，渐渐地，民众开始接受他的言论。

说他具有影响力，是因为言论真实地反映了当下房地产行业现状，在高房价的背景下，任志强揭露了其背后的经济学意义。

他的话，乍一听来，确实觉得“刺耳”，等到静下心来分析之后便发现，任志强是站在消费者一边的，他太了解房地产行业了，面对日益升级的供需矛盾，他表现出一个有社会责任感的企业家应该有的魄力。

房地产行业作为国家的支柱产业，同时与民众生活息息相关，甚至已经成为“敏感话题”，任志强敢于在此时将心中的想法说出来，着实令人一震。

说他是有影响力的人，关键在于说话在“点子”上，他所关注的事情，也是大众关注的，民众不了解“真相”，别的地产商又不愿意说，但任志强敢于讲出来，虽然激起了很多反对声音，但并没有改变他的风格，这种性格扎根于他的内心深处，大家渐渐地想要了解他，进而被他吸引。

人们给任志强起了个外号——“大炮”，非常形象地描述了他的语言力量：每一次发表言论，都会引起巨大轰动。

但任志强说话是“有根据”的，在国有房地产公司摸爬滚打多年的他，对行业内的信息变化是非常敏锐的，一旦有风吹草动，他都能捕捉到最重要的信息，但是民众对了解信息的速度往往要慢一些，分析政策、数据的准确度也不如专业人士。

任志强的言论之所以成为行业中“屈指可数”的有效论据，从宏观的角度看，他的评论让民众看清楚房地产行业的来龙去脉。因此他成为最有影响力的“地产批评家”是有根据的。

任志强的影响力从何而来？

敢于说话的人需要勇气，能用语言剖析现实问题的人，需要专业理论、经验和洞察力，综合看来，任志强的影响力，不是天上掉下来的！

4. 许家印：收益源于价值，价值源于影响力

许家印，恒大地产董事局主席。在《财富》（中文版）杂志评选的“2014 年最具影响力 50 位商界领袖”排行榜中排名第 29 位。

2013 年 11 月 9 日，广州恒大足球俱乐部夺得了球队历史上第一个亚洲冠军联赛冠军。一夜之间，“恒大”从一个地域（广州）品牌变成了全中国乃至亚洲级的品牌。

由许家印领导的恒大地产成立于 1997 年，截至 2013 年年底，恒大地产已进入 140 个城市，销售额首次跻身于“中国房企千亿元俱乐部”，在中国房地产业的龙头行列中赢得了一席之地。

众所周知，地产是许家印的老本行。但令众人望尘莫及的是，他还充分发挥了其敏锐的商业嗅觉。

2010 年，当时被降级的广东广药足球队被许家印以约 1 亿元的代价收购。当时一定无人料到，恒大仅仅用了 3 年时间就将这支球队从悬崖边拉回来，并带其登上足坛巅峰，迅速在全国乃至全亚洲显现出了超强实力。与此同时，许家印的名字和他带来的影响力也不知不觉被人们传播开来。

有专业人士从球队价值的角度给恒大算了一笔账，在其引入马云的战略投资时，广州恒大队的估值已经达到 24 亿元。

从 1 亿元到 24 亿元，恒大只用了短短 4 年。我们有理由相信，许家印在与马云合作后，许氏的商业帝国将逐步扩大。

很多人好奇，恒大怎么能创造这么多收益？为何能迅速增值？

当然，一支球队的增值，离不开投资方付出的巨额投入。然而更重要的是，这些投入为恒大带来了丰厚的收益，创造了更大价值。在许家印眼中，收益源于品牌价值，而价值则源于品牌影响力。他是否有未卜先知的本领我们无从得知，可以肯定的是，他在决定投资足球队的一刻起，就已经谋划好了未来的棋局——通过培养球队，增加球队知名度，形成品牌效应，扩大恒大的品牌影响力，进而提升品牌价值，自然也就增加了收益。量变必然引起质变，当付出到一定程度时，取得优异成绩亦是指日可待之事。

根据 IFFHS（国际足球数据与历史统计协会）公布的世界足球俱乐部排名，广州恒大长期稳居亚洲第一，甚至超过了意大利的 AC 米兰等世界豪门球队。

对于恒大品牌的影响力带来的收益，最大的受益者莫过于恒大冰泉。2013 年，在亚冠第二回合决赛中，恒大球员突然换上了印有“恒大冰泉”四个字的球衣。当恒大成功捧回亚冠奖杯后，恒大亦高调宣布进军矿泉水产业。而“恒大冰泉”也在一夜之间成了家喻户晓的矿泉水品牌。

从品牌美誉度和影响力的无形价值计算，如果把恒大这一品牌换算成广告价值，相信会是很大的一个数字。但在许家印看来，在未来，显然恒大还有更大的价值。正如许家印所说：“恒大的品牌已深入人心，我们的球队也是如此，用名声、技术以及拼搏精神让人尊敬，再加上低调、谦虚，逐渐树立起我们的形象，扩大我们的影响力！”

5. 雷军：有影响力才能让投资人信任

雷军，小米科技创始人、董事长兼首席执行官。在《财富》（中文版）杂志评选的“2014 年最具影响力 50 位商界领袖”排行榜中排名第 36 位。

2013 年的雷军依然很火。这一年，小米手机销量突破 1800 万台，销售额 316 亿元，估值成功破百亿美元。要知道，这只是一家创立仅三年的公司。对此，雷军曾笑言：“我的成功 80% 靠的是运气。站在风口上，猪都能飞。”

如今，小米公司在雷军的领导下加快了发展的步伐，开始放眼海外市场。雷军的搭档傅盛曾这样评价雷军：“雷军是一个会不断重装自己系统的人。”的确，年过四十的雷军还在寻求改变自己，尽管，雷军和他的小米几度站在媒体的风口浪尖。不管是小米饥饿营销，还是“米粉”（小米的粉丝），抑或是雷军的发迹史，总是为大家津津乐道。

2014 年 5 月 20 日，第二届中国天使投资人大会在北京香格里拉酒店举行。雷军在演讲中回顾了小米的逐梦之旅。

雷军说，自己在成立小米时，制定的目标是使小米价值百亿美金。听上去这个目标充斥着低俗与物欲，但却对他创业帮助非常大。他认为，一名创业者，只有有了足够的钱时，才会有更大的勇气去把事业做大。

鲜为人知的是，小米成立初期，找到资金对雷军而言是一个异常艰难的过程。他曾放下身段，找到投资圈最好的友人打了一夜的电话，成功融资 500 万美元后，自己又投了 500 万美元。但这还不够，初创公司处处需要钱来维持，很快小米进行了第二轮融资。当时小米成立初期的几十名员工，几乎拿出了他们全部的积蓄，凑了 600 多万美元。从某种程度来看，小米的成功又是简单的，因为每个“米家人”对雷军都足够信任，所以，当他们二话不说肯掏钱出来时，其实投资人已经把自己也当作了真正的创业者，他们始终和雷军站在同一阵线。

那么，雷军身上究竟有什么魔力，能让投资人如此信任呢？归结起来，可以总结为三个字：影响力。

雷军承认，自己是个执着的完美主义者。1992 年，加入金山公司；1994 年，出任北京金山总经理；1998 年，任重组后的金山总经理。这几年，他一直梦想着自己能写一套运行在全世界电脑里的程序软件。然而，写程序、做软件没能使雷军名利双收。但这些原始积累都是他成功必不可少的因素之一。正如周鸿祎所认为的，雷军真正成功是从他离开金山开始，借着从前积累起来的人脉和独一无二的勤奋，成为如今的互联网行家，并逐渐扩大了自己在业界的影响力。其中，勤奋自然是无可厚非的个人魅力所在。离开金山后，放下曾经的执着，懂得顺势而为，是引领他走向成功、获得投资人信任的重要原因。如他自己所言：“我相信过很多东西，比如聪明加勤奋天下无敌。但 40 岁时发现，1% 的灵感超过了 99% 的汗水。主流教育告诫大家要勤奋，我觉得勤奋是基本功，重点还是要把握大势。”

有人说，有了投资人的支持，雷军才能八风不动。无论如何，雷军已经获得了阶段性的胜利。要知道，投资人的钱也不是大风刮来的，没有人会无缘无故把钱投在没有价值的人和事上，动辄几百万美金的融资看似简单，但绝不是谁都有雷军这样的本事！